Susanne Stöcklin-Meier

Unsere Welt ist bunt!

Susanne Stöcklin-Meier

Unsere Welt ist bunt!

Mit Geschichten, Versen und Spielen die Farben entdecken

Illustriert von
Marlis Scharff-Kniemeyer

Kösel

© 2001 by Kösel-Verlag GmbH & Co., München
Printed in Germany. Alle Rechte vorbehalten
Lithografie: Typosatz W. Namisla, München
Druck und Bindung: Kösel, Kempten
Umschlag: Elisabeth Petersen, München,
unter Verwendung einer Illustration von
Marlis Scharff-Kniemeyer
ISBN 3-466-30568-3

Gedruckt auf umweltfreundlich hergestelltem Werkdruckpapier
(säurefrei und chlorfrei gebleicht)

INHALT

Zum Geleit

Es ist mir eine große Freude, Ihnen dieses Buch in die Hand zu legen. *Unsere Welt ist bunt!* war für mich eine spannende, beglückende Sache zum Schreiben. Farben sind Leben, Liebe, Gefühle, Stimmungen, Befindlichkeiten, Musik, Tanz, Geschichten und Bilder. Ohne Farben wäre die Welt öd und leer. Entdecken Sie mit Ihren Kindern die Farben auf spielerische Weise.

Die Idee zum vorliegenden Konzept entstand bei der Arbeit an meinem Buch *Kinder brauchen Geheimnisse – Über Zwerge, Engel und andere unsichtbare Freunde*. Su, das kleine Mädchen mit dem fliegenden Bärenfell, begleitet uns auch dieses Mal durch das Buch. Sie reist mit uns und Zwick, dem Giftzwerg, ins Regenbogenland und stellt uns ihre Freunde, die Farbelfen, vor.

Wir entdecken die Wirkung der Farben in vielen Spielanregungen, Fantasiereisen und Rätseln. Die Geschichten und Märchen lassen in unserer Fantasie bunte Welten entstehen. Sie erzählen uns in farbigen Tönen von hier und jetzt und entführen uns aber auch in ferne Kulturen.

Unsere Welt ist bunt! will Kinder zwischen vier und acht Jahren zum Spielen, Malen, Träumen und Entdecken anregen. Das Buch beschränkt sich bewusst auf die Farben des Regenbogens. Wer Lust hat, kann sich selber auf die Suche nach Geschichten und Spielen zu Schwarz, Weiß, Gold, Silber, Braun und Grau aufmachen.

Ein ganz herzliches Dankeschön der Illustratorin Marlis Scharff-Kniemeyer. Sie beflügelt mit ihren originellen, einfühlsamen Bildern unsere Fantasie.

Viel Vergnügen beim Entdecken und Erleben der Farben wünscht Ihnen

Susanne Stöcklin-Meier

Farben gehören in unser Leben

Wie können Farben wirken?

Wer sich auf das Thema Farbe einlässt, kommt um ein bisschen Farbtheorie nicht herum. Ich habe versucht, dieses Farbenbuch möglichst kindgerecht und praxisnah zu machen. Hier im ersten Kapitel finden Sie ein paar Grundgedanken zu den Regenbogenfarben. Sie sind zur Einstimmung der Erwachsenen gedacht und nicht unbedingt für Kinder bestimmt. Vielleicht bringt Ihnen diese Einführung mehr Verständnis und Heiterkeit für die Farben im persönlichen Alltag und schenkt Ihnen beim Erzählen, Spielen und Erleben mehr Freude.

Farben gehören in unser Leben, sie umgeben uns Tag für Tag. Sie sind Bestandteil unserer Umgebung und unseres Zuhauses. Wir kleiden uns bunt und essen farbige Nahrung. Farben beeinflussen auch unsere Gefühle und beherrschen unsere Sinne. Bereits im frühen Kindesalter nehmen wir unsere Umwelt anhand von Farben ebenso wie von Formen und Klängen wahr.

»Farben sind Strahlungskräfte, Energien, die auf uns in positiver oder negativer Weise einwirken, ob wir uns dessen bewußt sind oder nicht«, schreibt Johannes Itten in seinem kunstpädagogischen Standardwerk *Kunst der Farbe*. Licht und Farbe haben sowohl auf den Körper wie auch auf den Geist eine starke Wirkung. Wir reagieren mit den Gefühlen, mit den Gedanken, aber auch körperlich auf das Wechselspiel der Farben.

Das Anliegen dieses Buches ist es, Kindern und Erwachsenen einen bewussteren Umgang mit Farben zu ermöglichen, diese spielerisch zu erleben und mit Hilfe von Geschichten bestimmte Farbgefühle am eigenen Leibe zu erfahren.

Hier ein paar Ideen und Anregungen für Erwachsene und schulreife Kinder zur Wirkung der Farben. Es sollen Denkanstöße sein, sich intensiver mit Farben zu befassen und genauer zu beobachten, wie sie wirken, aber auch eine Hilfe, intuitiv mehr aufzunehmen:

- Farben können Gefühle auslösen.
- Farben können fröhlich oder traurig machen.
- Farben können manchmal wütend wirken.
- Farben springen uns ins Auge.
- Farben können mächtig und kräftig sein.
- Farben umhüllen uns und geben uns Schutz.
- Farben ziehen uns an, Farben stoßen uns ab.
- Farben können beruhigen und anregen.
- Farben wirken sonnig und machen warm.
- Manche Farben verbreiten Ruhe und Frieden.
- Farben lösen Assoziationen aus.
- Die Welt ist voller Farben, darum wirkt sie bunt.
- Farben können durchsichtig schimmern.
- Manche Farben wirken wie ein Hauch.
- Farben können leuchten und strahlen.
- Farben können dumpf und matt wirken.
- Farben glitzern und glänzen.
- Mit Farben kann man hell und dunkel darstellen.
- Farben sind schön und manchmal hässlich.
- Farbkleckse schütteln sich vor Lachen.
- Jede Farbe hat ihren eigenen Klang.
- Farben wirbeln durch die Bilder.
- Farben mischen sich zu neuen Farbtönen.
- Farben fallen auf oder wirken diskret.
- Farben können kühl und frostig wirken.
- Farben sind manchmal sanft und still.
- Farben können überraschen.
- Farben können den Appetit anregen.
- Farben tragen zum Wohlbefinden bei und können heilen.

Erstaunlich, was Farben alles können, welche Resonanz sie in uns finden und was dadurch alles ausgelöst wird. Weise Frauen und Männer haben von alters her den einzelnen Farben auch schöpferische Engelskräfte zugeordnet: Rot etwa dem Erzengel Michael, Blau dem Erzengel Gabriel und Violett dem Erzengel Raphael.

Vom Wesen der Farben

Hier ein paar praktische Gedanken und Schlüsselwörter zu den Farben des sichtbaren Regenbogenspektrums, wie sie auf uns wirken, ein paar praktische Tipps und ihre Auswirkung in Räumen:

ROT ist Energie, Feuer, Hitze, Aktivität und Tatkraft. Rot unterstützt den eigenen Willen. Rot fördert die Durchblutung, regt die Atmung an und erhöht den Puls.

- *Praktische Tipps:* Rote Socken machen müde Beine beim Laufen munter. Auf einem roten Teppich lässt sich gut bauen. Ein roter Teppich unter dem Schreibtisch gibt Power bei der Arbeit.
- *Auswirkung in Räumen:* Rot lässt Räume kleiner wirken. Sattes, intensives Rot wirkt bedrückend. Helles Rot nur in Aktiv-Räumen verwenden, eignet sich nicht für Schlafzimmer. Helles Rosa wirkt nicht nur anregend, sondern auch besänftigend und Stress abbauend.

ORANGE ist Freude. Orange kommt dem natürlichen Licht am nächsten, wirkt aufbauend und kräftigend, fördert Frohsinn, regt zu Bewegung und Tanz an und fördert die Kreativität. Rotorange gilt als die wärmste Farbe. Es wirkt gesundheitsfördernd und regt den Appetit an.

- *Praktische Tipps:* Wenn Kinder nicht gerne essen, legen Sie ein oranges Set unter den Teller und bieten Sie ihnen öfters Orangen, Mandarinen und Karotten an.
- *Auswirkung in Räumen:* Geeignet für Ess- und Unterhaltungsräume, für Räume zum Tanzen und Bewegen. Ungünstig für Schlafzimmer.

GELB ist Konzentration und Denken. Gelb ist schwerelos, heiter und aufmunternd. Es dehnt sich uneingeschränkt aus, unterstützt eigene Gedanken und bringt spontane Freude am Handeln. Gelb hellt das Gemüt auf und stärkt die Nerven.

- *Praktische Tipps:* Im Winter zum Aufhellen der Gemüter ein gelbes Tischtuch verwenden, gelbe Blumen und gelbe Kerzen aufstellen.
- *Auswirkung in Räumen:* Gelb im Raum wirkt sich günstig auf geistige Arbeit aus wie Lernen, Rechnen, Lesen, Schreiben. Deshalb sollte reines Gelb nicht in Schlafräumen benutzt werden.

GRÜN ist Gleichgewicht. Grün beruhigt, beeinflusst positiv, wirkt ausgleichend und vermittelnd. Es bringt Aktivität und Ruhe im täglichen Leben ins Gleichgewicht, fördert Beharrlichkeit und Beständigkeit. Wenn wir Grün einatmen, fühlen wir eine innere Weite.
- *Praktische Tipps:* Wir entspannen uns in einem grünen Fichtennadelbad und benützen blaugrüne Badetücher. Wenn wir mehr inneren Platz brauchen, hängen wir ein Wald-, Baum- oder Pflanzenbild in Blickrichtung auf oder stellen dort eine Grünpflanze hin.
- *Auswirkung in Räumen:* Starkes Grün lässt Räume leer und tot wirken. Türkis hingegen eignet sich für Küche, Bad und Schlafzimmer. Es wirkt hier beruhigend, erfrischend und besänftigend.

BLAU ist Entspannung. Blau wirkt kühlend, bringt Erholung, Entspannung, Friede, Stille, Ruhe und fördert den Schlaf. Es wirkt hemmend auf Wachstum, hilft bei Schlaflosigkeit und Nervosität.

- *Praktische Tipps:* Wir hängen blaue Vorhänge ins Kinderzimmer und beziehen das Bettchen mit blauer Bettwäsche. Zum Geschichtenerzählen und Bilderbücheranschauen legen wir ein blaues Tuch in die Kuschelecke oder auf den Lesetisch.
- *Auswirkung in Räumen:* Blau eignet sich gut für Schlafzimmer, Büros und Stressbereiche. Für Ess- und Wohnzimmer ist es dagegen ungeeignet.

VIOLETT ist Würde. Violett verstärkt Hingabe bei Gebet und Meditation und fördert intuitives Verständnis, gleicht aus, schwächt die Kälte und dämpft das Feuer. Diese Farbe verstärkt Selbstachtung und Würde. Violett ist Kraft spendend, wirkt reinigend und heilend.

- *Praktische Tipps:* Wir entspannen uns im Lavendelbad. In unsere Gebets- oder Meditationsecke stellen wir einen Amethyst und legen die von uns gesammelten Engelkarten auf ein lilafarbenes Tuch.
- *Auswirkung in Räumen:* Eignet sich für Verehrung und Hingabe.

Warme und kalte Farben

Farben zeichnen sich aus durch Kontraste, zum Beispiel Hell und Dunkel. Die Wirkung kommt aus dem Nebeneinander von mindestens zwei Farben in verschiedener Helligkeit zustande. Den größten Kontrast bilden Schwarz und Weiß, bei den Buntfarben sind es Gelb und Violett. Die Farben unterscheiden sich aber nicht nur im Hell-Dunkel-Kontrast, sondern auch im Kalt-Warm-Kontrast. Auch hier entsteht die Wirkung aus dem Nebeneinander von mindestens einer warmen und einer kalten Farbe, zum Beispiel Grün neben Rot oder Blau neben Gelb. Die Farben des Regenbogenspektrums kann man heute genau messen. Die Lichtwellen bewegen sich in einem Bereich von 400 Nanometer (Violett) bis 800 Nanometer (Rot). Jede Farbe des Spektrums lässt sich somit durch ihre Wellenlänge oder Schwingungszahl genau definieren. Jenseits der Grenzen der Sichtbarkeit befinden sich die Bereiche Infrarot und Ultraviolett. Nach diesen Messungen werden die Farben wie folgt in warm und kalt eingeteilt:

- Rot, Orange und Gelb sind warme Farben.
- Grün ist die Farbe der Mitte im Regenbogenspektrum. Es ist weder warm noch kalt, es ist neutral.
- Hellblau, Dunkelblau und Violett sind kühle Farben.

Durch Versuche weiß man, dass ein rotorange gestrichener Raum subjektiv um drei bis vier Grad wärmer empfunden wird als ein blaugrün gestrichener. Auch mit Tieren wurden Versuche gemacht, und man hat ähnliche Wirkungen festgestellt: In einem Stall mit blauen Wänden beruhigten sich Pferde nach einem Rennen schneller als in einem roten Stall, in dem sie noch lange Zeit unruhig blieben.

Farbwahrnehmung bei Kindern

Kleine Kinder können schon relativ früh Farben unterscheiden, benennen diese aber sehr viel später. Zweijährige verwenden zuerst den Namen einer Grundfarbe, um alle anderen Farben damit zu bezeichnen. Meist ist die erste Farbe, die sie kennen, Rot. Danach lernen sie, ohne eine besondere Reihenfolge beizubehalten, die anderen drei Farbwörter Gelb, Blau, Grün. Erst wenn sie diese vier Farbwörter beherrschen, ordnen sie die Farbwörter den entsprechenden Farben zu. Bemerkenswert ist, dass die meisten Dreijährigen Gegenstände schon nach Farben zuordnen, bevor sie das Farbwort überhaupt aussprechen können.

Rudolf Steiner hat sich als einer der Ersten sehr intensiv mit den Farben und ihrer Wirkung auf Kinder und deren Entwicklung auseinander gesetzt. Das hat konkrete Auswirkungen in den Waldorfschulen gefunden. Marielle Seitz und Ursula Hallwachs berichten uns in ihrem Buch *Montessori oder Waldorf* Folgendes darüber: »In Waldorfeinrichtungen fällt den Besuchern auf, dass die Räume farbig gestaltet sind. Die Wände sind jedoch nicht einfach bunt angestrichen, sondern in zarten, pastellig wirkenden Pflanzenfarblasuren getönt. Dadurch wirken die Wände belebt, sie scheinen ›zu atmen‹. Die Farbtöne selbst entwickeln sich in den verschiedenen Klassen der Waldorfschulen in der Reihenfolge der Farben des Regenbogenspektrums: vom kräftigen Rot der 1. Klasse über zartere Rottöne zum Orange der 4. Klasse, das sich immer stärker mit Gelb mischt, vom reinen Gelb der 7. Klasse über das Grün der 8., Blautöne in der 9. und 10., die schließlich in der 11. und 12. Klasse ins Violett übergehen. So spiegeln die Farben der Klassenzimmer die Entwicklung vom mehr willensbetonten Erstklässler (Rot) über die ›grünen‹ Pubertierenden zum jungen Erwachsenen, dessen geistige Reife sich im Violett ausdrückt!«

Die drei Grundfarben

Aus den drei reinen Grundfarben Rot, Gelb und Blau entwickeln sich alle anderen Farben. In unserem Kulturkreis werden sie mit der Trinität Gottes in Verbindung gebracht. Sie verkörpern Gottes Allliebe, Allweisheit und Allmacht. In der christlichen Symbolik finden wir das Auge Gottes in einem strahlenden Dreieck dargestellt. Es symbolisiert das Universum, getragen im Meer des göttlichen Lichtes. Gottes Auge leuchtet symbolisch wie die Sonne. Das Dreieck symbolisiert die drei Grundfarben: Rot steht für die Allliebe, Gelb für die Allweisheit und Blau für die Allmacht.

Interessanterweise bilden die drei reinen Grundfarben Rot, Gelb und Blau auch das Ausgangsdreieck des Farbkreises.

Der Farbkreis

Mit dem Phänomen der Farben haben sich über Jahrhunderte immer wieder Künstler und Wissenschaftler befasst. Auch Johann Wolfgang von Goethe hat sich in seinem Leben intensiv mit den Farben beschäftigt. Daraus ist seine wegweisende Farbenlehre entstanden. Neben vielen anderen hat sich im 20. Jahrhundert der Schweizer Maler und Kunstpä-

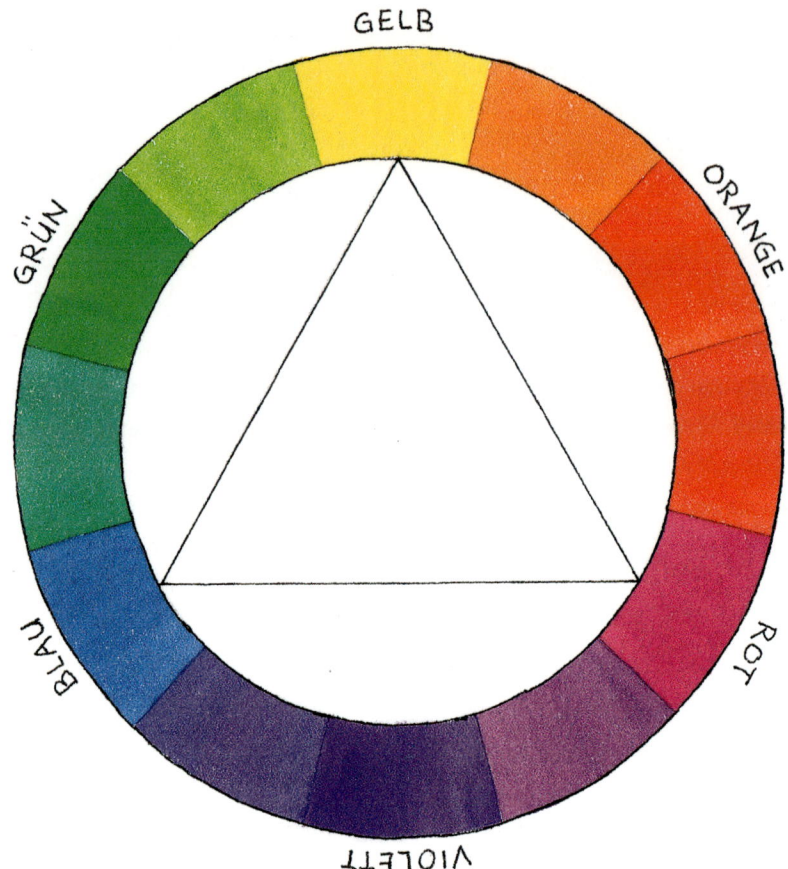

GELB

ORANGE

GRÜN

ROT

BLAU

VIOLETT

dagoge Johannes Itten um das Verstehen der Farben bemüht. Er hat in seinen Büchern interessante Aspekte festgehalten. Beide, Goethe und Itten, hat besonders der Farbkreis beschäftigt. Das ist ein Phänomen, das Erwachsene und Kinder gleichermaßen faszinieren kann. Goethe sagt dazu in seiner Farbenlehre:

»Drei Farben, *Gelb, Rot* und *Blau*, gibt es

bekanntlich nur. Wenn wir diese in ihrer ganzen Kraft annehmen und stellen sie uns wie einen Zirkel vor (siehe oben), so bilden sich aus diesen drei Farben, *Gelb, Rot* und *Blau* drei Übergänge, *Orange, Violett* und *Grün* (ich heiße alles Orange, was zwischen Gelb und Rot fällt oder was von Gelb oder Rot aus sich nach diesen Seiten hinneigt), und diese sind in ihrer mittleren Stellung am brillantesten und die reinen Mischungen der Farben.«

Im Farbkreis sind die Grund- oder Primärfarben Gelb, Rot und Blau in einem gleichmäßigen Dreieck angeordnet. Die Kinder staunen sehr, dass sich zwischen den Grundfarben die Sekundärfarben bilden. Sie entstehen durch Mischen:

- Mischen wir Gelb und Rot, entsteht die Farbe Orange.
- Mischen wir Rot und Blau, entsteht die Farbe Violett.
- Mischen wir Blau und Gelb, entsteht die Farbe Grün.

Die Komplementärfarben

Alles steht im Leben in Bezug zu einem Gegensatz: innen und außen, heiß und kalt, Tag und Nacht, ein- und ausatmen, männlich und weiblich, Leben und Tod, Sommer und Winter. Nur wenn wir beide Seiten einbeziehen, erleben wir nicht die Gegensätze, sondern die Einheit, das Ganze. Genauso ist es mit den Farben. Im Farbkreis stehen die Farben des Regenbogenspektrums jeweils ihrer Komplementär- oder Gegenfarbe gegenüber.

Rot – Grün,
Gelb – Violett,
Blau – Orange

sind komplementäre Paare. Diese gegensätzlichen Farben verstärken sich gegenseitig, wenn man sie nebeneinander legt. Vielleicht wollen sie uns sagen: Verliert euch nicht im Einzelnen, zusammen sind wir stark, zusammen sind wir ganz.

Wir können mit diesen drei Gegensatzpaaren interessante Experimente machen. Nehmen wir zum Beispiel Rot – Grün. Wir malen einen knallroten Punkt auf ein weißes Papier. Er sollte etwa so groß wie ein Apfel sein. Wir schauen diese rote Fläche etwa dreißig Sekunden lang an und richten dann unseren Blick auf eine weiße Wand. Erstaunlicherweise erscheint dort ein grüner Fleck, die Entsprechung zum Rot. Dieser grüne Fleck ist natürlich nicht wirklich vorhanden, sondern wird in unserem Innern als Gegenbild erzeugt. Dieses Experiment lässt sich auch mit allen anderen Farben durchspielen zum Staunen von Groß und Klein.

Licht und Energie

Wer sich mit Licht und Energie befasst, wird seine eigenen Erfahrungen machen und dabei viel Neues entdecken. Hier als Einstieg ein paar Gedanken zum Thema sowie Spielideen, die zeigen, wie man Licht und Energie erleben kann. Bitte probieren Sie alles zuerst für sich selber aus, bevor Sie es an die Kinder weitergeben.

Licht ist Schwingung, Energie, Klang und Farbe. Der Begriff Energie stammt vom griechischen Wort Energeia ab und bedeutet: wirkende Kraft und Tatkraft. Energie ist die Kraft, die etwas in Bewegung setzt. Sie bewirkt etwas, verändert, erschafft oder zerstört. Sie ist das Wirkliche in der Welt und die Grundlage allen Geschehens. Die Sonne ist unsere wichtigste Licht- und Energiequelle. Sie steht stellvertretend für die unerschöpfliche Lichtquelle des absoluten Seins. Zu allen Zeiten und bei allen Völkern der Erde haben Weise und Mystiker die Existenz dieser Energie gekannt. Sie wussten, dass der Mensch sie aufnimmt über Nahrung, Sauerstoff, Licht, Ton und Schwingung. Sie setzten diese Energie bewusst ein. Die Inder nennen diese Energie Prana. Sie ist seit mehr als 5000 Jahren bekannt. Prana ist für sie Lebenskraft und universeller Lebensodem. Prana ist die Quelle allen Lebens. Die Yogis begrüßen die Sonne jeden Morgen mit einem Sonnengruß und nehmen dabei Sonnenenergie für den ganzen Tag auf.

Die Chinesen sprechen seit dem dritten Jahrtausend vor Christi Geburt von Ch'i. Die Lebenskraft Ch'i besteht aus den beiden Energieströmen Yin und Yang. Yang wird als das männliche und Yin als das weibliche Prinzip empfunden. Die beiden Energien findet man im ganzen Universum. Nach der Auffassung der Chinesen befinden sich der Mensch und die Erde nur im Gleichgewicht, wenn Yin und Yang fließen und gleichmäßig vorhanden sind.

Im 19. Jahrhundert hat sich Karl-Ludwig von Reichenbach mit diesen Energien befasst. Er nannte sie Od-Kraft. Nach Reichenbachs Auffassung entsteht sie in konzentrierter Form aus bestimmten Quellen wie Hitze, Klang und Elektrizität und umgibt den Menschen. Die linke Körperseite beschreibt er als Minuspol und die rechte als Pluspol. Das erinnert stark an das Yin-und-Yang-Prinzip der Chinesen.

Wilhelm Reich, Psychiater und Kollege von Freud, begann in den dreißiger Jahren des zwanzigsten Jahrhunderts die Elektrizität der Gefühle zu untersuchen. Er hatte beobachtet, dass Negativität den Menschen blockiert. Dadurch entstehen zuerst im psychischen, anschließend im körperlichen Bereich Blockaden. Diese verhindern das Fließen der Energie, die Gefühle werden nicht richtig wahrgenommen. Er nannte diese Energie Orgon. Nach Reich ist Orgon eine Vorstufe der Energie, aus der die Materie zusammengesetzt ist. Orgon zieht sich zusammen und bildet Spiralen, wie die Urformen im Universum. Durch diese Energie ist alles mit allem verbunden.

Heute beginnen Forscher und Entdecker diese unsichtbaren Energieströme sichtbar zu machen. Jeder Mensch ist von einer Energiehülle umgeben. Hellsichtige Menschen nehmen sie in verschiedenen Farben wahr. Man nennt dieses Energiefeld, das den Menschen umgibt, Aura. Das Wort Aura stammt aus dem Lateinischen und heißt Ausstrahlung. Technisch kann die Aura heute mit der Kirlianfotografie aufgenommen und festgehalten werden.

Noch einmal ein Blick zurück ins Altertum. Hermes Trimegistos, ein Weiser des alten Ägypten, hat damals das Wesen des Lichtes wunderschön beschrieben. Nach ihm sind alle vier Elemente, das Feuer, das Wasser, die Luft und die Erde, an seiner Entstehung beteiligt. Folgendes Zitat über die göttliche Erschaffung des Lichtes wurde von ihm überliefert:

Die Sonne ist sein Vater,
der Mond ist seine Mutter,
der Wind hat es in seinem Leib getragen,
und die Erde ist seine Amme.

Spielanregungen:

Hier ein paar Anregungen, wie man mit Kindern diese Energie fühlen und erleben kann. Es ist erstaunlich, was diese einfachen Übungen auslösen können. Die Wahrnehmungsmöglichkeit der Kinder wird gefördert und dabei steigt ihre Konzentrationsfähigkeit. Außerdem lernen die Kinder ihren Körper wahrzunehmen und einzelne Teile zu benennen.

Wir atmen Pranapünktchen

Wir schließen die Augen. Wir spüren, wie wir dasitzen oder daliegen. Wo berührt unser Körper den Boden? Wir atmen tief ein und aus. Beim Einatmen strömt das goldene Licht der Sonne in uns, beim Ausatmen lassen wir alles los, was uns stört, ärgert oder ängstigt. Wir spüren, wie die goldenen Sonnenpünktchen unseren ganzen Körper ausfüllen. Wir fühlen ihre Wärme, ihr Licht. Wir spüren, wie sich in unserem Bauch eine goldene Sonne bildet. Sie wird größer und größer. Sie erfüllt uns mit Glück und Liebe. Die goldenen Pranapünktchen der

Sonne beginnen in unserem ganzen Körper zu fließen. Sie fließen bis in unsere Finger- und Fußspitzen. Wir spüren sie auch im Kopf zirkulieren. Wir baden uns in ihrem goldenen Licht. Langsam wird das Licht schwächer. Aber wir empfinden seine Wärme noch. Nach und nach verschwindet das Gold und wir spüren den Boden unter unseren Füßen und bewegen die Zehen, die Finger, die Beine und die Arme. Den Kopf drehen wir langsam von links nach rechts. Jetzt atmen wir dreimal tief ein und aus. Dann stehen wir ruhig auf, ohne zu reden, und schließen noch einmal die Augen und spüren beim Ein- und Ausatmen dem goldigen Prana in uns nach. Diese Sonnenenergieübung füllt uns mit Glück und Kraft. Wir können sie überall machen.

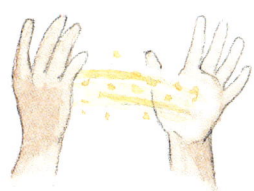

Energie in unseren Händen

Heute wollen wir feststellen, was wir in unseren Händen alles fühlen können. Wir klatschen mit unseren Händen zuerst langsam, dann schnell. Dann legen wir unsere Hände auf die Knie. Wir schließen die Augen und fühlen, was in unseren Händen passiert. Die Kinder erzählen, was sie wahrnehmen: Vielleicht prickelt es, sticht oder es rieselt wie feine Wassertröpfchen in der Hand. Sind die Hände warm oder pelzig geworden? Vielleicht kribbelt es in den Zehenspitzen oder in den Armen oder die Ohren werden warm. Wir klatschen von neuem in unsere Hände, zuerst langsam, dann schnell. Dann legen wir die Hände auf die Knie. Was spüren wir in unseren Händen? Dieses Gefühl führt uns nun in unserem Körper herum. Wir passen gut auf, wo es uns überall hinführt. Anschließend dürfen die Kinder ihre Wahrnehmungen erzählen. Vielleicht hat es im Arm oder im Kopf gekribbelt? Vielleicht wurden die Zehen warm? Oder es prickelte rund um den Hals? Lassen wir uns überraschen, wohin das Gefühl aus den Händen in den Körper gegangen ist.

Wir klatschen mit unseren Händen zuerst langsam, dann schneller. Nun halten wir die Hände im Abstand von etwa fünf Zentimetern einander gegenüber. Wir bewegen unsere Handflächen zueinander und dann voneinander weg, so, als ob wir Akkordeon spielen würden. Die Hände berühren sich nicht und gehen auch nicht zu weit auseinander. Was können die Kinder wahrnehmen? Ist es heiß geworden zwischen den Handflächen? Hat es geprickelt? Konnte man Fäden ziehen, oder waren unsichtbare Telefondrähte da? Nun reiben wir die Handflächen aneinander. Wir halten die Augen geschlossen und legen die Hände mit den Handflächen nach oben auf unsere Knie. Wir können jetzt mit unseren Gefühlen in den Händen spielen. Wir stellen uns vor, wir halten einen leuchtend roten Ball in unseren Händen. Der Ball ist wie ein verzaubertes Feuer. Es wärmt uns, aber es verbrennt uns nicht. Es wird wärmer und wärmer. Wir spüren nach, wohin diese Wärme in unserem Körper strömt. Die Kinder erzählen, was sie wahrgenommen haben. Ist es heiß geworden? Wohlig warm? Wo ist die Farbe hingeflossen? In die Beine, in den Kopf? Was haben die Kinder sonst noch erlebt?

Energie im Kreis

Wir sitzen im Kreis. Die linke Hand liegt auf dem Oberschenkel. Die rechte Hand wird in die bereitliegende linke Handfläche des rechten Nachbarn gelegt. Mit geschlossenen Augen spüren wir dem Energiefluss nach.

Jetzt geben wir in Gedanken eine farbige, unsichtbare Kugel weiter. Je nach Farbe kann eine andere Energiequalität wahrgenommen werden. Wie fühlt sich die Farbe Rot an, wie Blau, Gelb oder Grün?

Wir spannen in unserer Fantasie ein farbiges Band zu dem uns gegenübersitzenden Nachbarn. Wer kann es spüren?

Wir lassen als inneres Bild einen Regenbogen über dem Kreis entstehen.

Lichtmeditation

Wissenswertes für die Erzählerin und den Erzähler: Wir richten uns eine ruhige Ecke ein, um täglich einmal etwa fünf Minuten mit den Kindern zum Beispiel diese Lichtmeditation zu machen. Die Lichtmeditation wird mit ruhiger Stimme immer in der gleichen Weise vorgetragen. Es ist wissenschaftlich erwiesen, dass Kinder, die Fantasiereisen machen und meditieren, sich besser konzentrieren können, ruhiger sind und klarer denken können.

Wir zünden eine Kerze an, stellen diese vor uns hin und setzen uns in aufrechter Haltung auf einen Stuhl oder im Schneidersitz auf den Boden. Die Hände liegen mit den Handflächen nach oben auf den Knien. Sie sind wie kleine Schälchen, die das Licht auffangen. Wir betrachten die Kerze, schließen dann die Augen und atmen ruhig ein und aus.

Mit unserer Vorstellung holen wir die Kerzenflamme auf unsere Stirne zwischen die Augenbrauen. Wir fühlen die Wärme des Lichtes, es breitet sich im ganzen Kopf aus.

Wir führen das Licht durch Kopf und Hals in den Herzraum in unserer Brust.

Hier blüht es auf wie eine große Blume und strahlt in den ganzen Brustraum.

Bei den nächsten Atemzügen wandert das Licht über die Oberarme in die Unterarme und in die Handschälchen und füllt diese mit Licht. Sie strahlen wie kleine Sterne.

Nun füllt das Licht den ganzen Körper und wandert mit den nächsten Atemzügen durch die Oberschenkel und Unterschenkel in die Füße. Sie leuchten wie kleine Sterne. Wir sind vom Kopf bis in die Zehenspitzen voller Licht. Das Licht dehnt sich aus. Wir strahlen wie eine Sonne.

Das Licht fließt zu unserer Familie und zu unseren Freunden. Und auch zu denen, die wir nicht so mögen.

Es fließt zu den Mineralien, zu großen und kleinen Tieren und zu allen Pflanzen. Das Licht hüllt die ganze Erde ein. Und es fließt zur Sonne, zum Mond und zu den Sternen.

Wir atmen noch einen Moment ruhig ein und aus. Nun holen wir das Licht wieder zurück in unseren Herzraum, öffnen die Augen, strecken und dehnen uns und sind wieder voll da.

Die Sonne und die Wolke

Ein modernes Märchen von Gianni Rodari

Wissenswertes für die Erzählerin und den Erzähler: Dieses moderne Märchen macht den Kindern klar, dass sich die Sonne nicht verbraucht. Sie kann jeden Tag, jedes Jahr überall auf der Welt scheinen und ihre Kraft vermindert sich nicht. Von Sonnenaufgang bis Sonnenuntergang verströmt sie ihre Strahlen, ihr Licht, ihre Energie und ihre Farben.

Die Sonne zog am Himmel hin, heiter und stolz auf ihrem Feuerwagen. Voller Freude streute sie ihre goldenen Strahlen nach allen Seiten, zum großen Ärger einer grauen, schlecht gelaunten Wolke, die murrte: »Verschwenderin, Vergeuderin, wirf deine goldenen Strahlen nur weg, wirf sie nur weg, du wirst schon sehen, was du am Schluss übrig behältst.«
Jede kleine Traube, die im Weinberg auf ihrem Rebstock reifte, holte sich in der Minute einen goldenen Sonnenstrahl, ja sogar zwei, und da waren kein Grashalm, keine Spinne, keine Blume, kein Wassertropfen, die sich nicht ihren Teil Sonne genommen hatten.»Lass dich nur von allen ausrauben, du wirst schon sehen, wie sie dir dafür danken, später, wenn du nichts mehr hast«, brummte die Wolke. Die Sonne aber setzte fröhlich ihre Reise fort und verschenkte großmütig ihre Strahlen nach rechts und links, Millionen, Milliarden goldener Strahlen.
Erst als die Dämmerung abends heraufkam, zählte sie die Strahlen, die ihr geblieben waren: Und schaut her! Es fehlte ihr nicht einer. Keiner, nicht ein einziger. Die graue Wolke aber, von Staunen und Zorn übermannt, platzte in lauter eisige Hagelkörner auseinander. Die Sonne aber tauchte fröhlich ins Meer.

Spielanregungen:

- Wer versucht, die Geschichte »Die Sonne und die Wolke« pantomimisch darzustellen?
- Wer versucht, sie in Töne umzusetzen? Mit Sonnenstrahlenorchester und Hagelkörnerkonzert?
- Wer malt ein Bild davon?
- Wir versuchen gemeinsam, eine Collage zu kleben.

Der Hut und der Sonnenstrahl

Wissenswertes für die Erzählerin und den Erzähler: Diese kleine Geschichte zeigt, wie der Glaube an die Wunderkraft der Sonne auch heute noch lebendig ist. Diese Sonnenlegende vom Hut und dem Sonnenstrahl wird im Lötschental erzählt.

Letzten Sommer flog Su mit ihrem Bärenfell an einem sonnigen Nachmittag ins Lötschental. Sie landete auf einem Berg neben einer Kapelle. Sie schaute zur Türe hinein und sah, wie die Sonnenstrahlen schräg durch ein Glasfenster auf den Boden der Kapelle fielen. In der hintersten Bankreihe kniete ein altes Mütterchen. Es hob den Kopf und erzählte: »Vor langer Zeit lebte hier auf diesem Berg ein frommer Bauer. Er war ein Sonderling. Im Winter kam er nie zur Messe. Er diente Gott auf seine Art. Der Pfarrer verlangte von ihm, er solle wie jedermann in die Kirche kommen. Eines schönen Morgens erschien der fromme Bauer hier in der Kapelle, trat zum Pfarrer und sprach: »Ich komme, weil Sie es so haben wollen. Erlauben Sie, dass ich meinen Hut aufhänge.« Bevor der Pfarrer etwas sagen konnte, hängte der Bauer seinen Hut an einen Sonnenstrahl, der durch ein Kapellenfenster hereinfiel. Der Hut blieb mitten in der Luft hängen. Als der Pfarrer das sah, stand er auf und ließ den frommen Mann ziehen, denn er merkte wohl, dass dieser einen direkten Draht zu Gott hatte.« Su versuchte nun auch ihr Bärenfell an den Sonnenstrahl in der Kapelle zu hängen, aber es gelang nicht. Er blieb nicht in der Luft hängen und fiel zu Boden. Da setzte sich Su auf das Bärenfell, verabschiedete sich und flog nach Hause.

Kann man das Sonnenlicht fangen?

Volksschwank

Wissenswertes für die Erzählerin und den Erzähler: Die Kinder werden sich wahrscheinlich über diesen dummen Schildbürgerstreich amüsieren. Aber wir können diesen Volksschwank zum Anlass nehmen, mit den Kindern neue Möglichkeiten zu überlegen, wie man Sonnenstrahlen einfangen könnte.

Die Schildbürger hatten ein Rathaus gebaut. Als sie damit fertig waren, blieb es drinnen stockfinster, weil sie die Fenster vergessen hatten. Weil keiner wusste, was zu tun war, berieten sie lange hin und her, bis einer auf eine Idee kam: »Liebe Mitbürger, wir sollten das Sonnenlicht in Säcken und Eimern ins Rathaus tragen und uns einen tüchtigen Sonnenvorrat anlegen, dann brauchen wir die Fenster nicht.« Die anderen Schildbürger waren einverstanden, und zur Mittagszeit, als die Sonne am höchsten stand, kamen sie vor dem neuen Rathaus zusammen. Sobald die Glocke zwölf geschlagen hatte, fingen alle an zu arbeiten. Sie hatten große Säcke mitgebracht, die ließen sie voll Sonne scheinen, bis sie von oben bis unten mit Licht gefüllt waren, rannten damit ins Rathaus und leerten sie aus. Andere machten es ebenso mit Töpfen, Kesseln, Tassen. Einer war so schlau, er lud die Sonnenstrahlen mit einer Heugabel auf einen Bollerwagen, ein anderer schaufelte sie in einen Wäschekorb. Und ein ganz besonders listiger Schildbürger fing das Sonnenlicht in einer Mausefalle. So arbeiteten sie von Mittag bis Sonnenuntergang, bis sie vor Müdigkeit beinahe umfielen. Abends gingen sie zusammen, in voller Erwartung ins Rathaus hinein und dachten, es müsse dort strahlend hell sein. Ach, wie enttäuscht schauten sich die Schildbürger an. Stockdunkel war es und blieb es! »So geht es also nicht, aber wie? Wie kann man Sonnenstrahlen fangen?« Traurig gingen sie nach Hause und verstanden ihr Pech nicht.

Spielanregungen:

- Wir entdecken mit den Kindern, dass die Sonne schwarze Gegenstände stärker erwärmt als weiße.
- Wir sprechen mit den Kindern über Solarzellen: Wer weiß, was Solarzellen sind? Wo befestigt man sie? Wofür werden sie gebraucht?
- Wir erklären den Kindern, wie man mit der heutigen Technologie Sonnenlicht einfangen und in Energie umsetzen kann.
- Vielleicht können wir einen Hausbesitzer besuchen, der das Wasser mit Solarenergie aufheizt. Manche Kinder kennen Spielzeuge oder Taschenrechner, die von Sonnenenergie gespeist werden. Gemeinsam betrachten wir in Zeitschriften Fotos von Solarmobilen.

Su und das Geheimnis des Buchstabenkönigs

Wissenswertes für die Erzählerin und den Erzähler: Dieses Buchstabenspiel eignet sich für Leseanfänger. Die Kinder können sich dabei die Buchstaben mit allen Sinnen einprägen. Sie erleben beim Singen, wie und wo die Vokale im Körper klingen. Es ist erstaunlich, was diese einfache Übung auslöst. Die Buchstaben werden verinnerlicht, der Begriff Vokal wird tief erfahren. Durch das Singen und Atmen lösen sich Energieblockaden. Das Spiel lässt sich in einem Atemzug singend spielen. Jeder Buchstabe kann natürlich auch allein gesungen werden. Wer Lust hat, kann den gleichen Laut je dreimal nacheinander singen. Die Reihenfolge A – E – I – O – U mit abschließendem M wird immer eingehalten.

Heute will Su den Buchstabenkönig besuchen. Er wohnt im ABC-Land. Seine 26 Kinder sind die Buchstabenprinzessinnen und -prinzen. Su setzt sich auf ihr Bärenfell und sagt: »O du mein Bärenfell, fliege, fliege!« Und schon trägt sie der Teppich in Windeseile ins ABC-Land. Der Buchstabenkönig ist hoch erfreut, dass Su ihm und seinen Kindern einen Besuch abstattet. Er sagt: »Ich will dir ein großes Geheimnis verraten. Es heißt ›A – E – I – O – U‹. Mit diesem Geheimnis kannst du dich von Kopf bis Fuß mit Energie aufladen. Möchtest du, dass ich dich das Geheimnis von ›A – E – I – O – U‹ lehre?« Su ist begeistert von seinem Vorschlag. Sie will das Buchstabengeheimnis gerne lernen.

Der Buchstabenkönig ruft seine Vokalkinder A, E, I, O, U zu sich und den Konsonanten M. Die gerufenen Buchstabenprinzessinnen und -prinzen eilen herbei:

Prinzessin A trägt ein grünes Kleid mit rosa Spitzen.
Prinzessin E hat einen himmelblauen Schal um den Hals geschlungen.
Prinz I erscheint ganz in Weiß.
Prinz O sieht aus wie eine goldene Kugel.
Und Prinz U trägt rote Strümpfe und ein rotes Wams.

Sie stellen sich alle vor Su hin und verbeugen sich leicht zu einem Gruß. Leise schleicht sich am Schluss der Konsonant M dazu. Die Königskinder setzen sich mit Su in einen Kreis um den Thron des Buchstabenkönigs. Der Herrscher über die Schriftzeichen beginnt zu sprechen: »Vor langer, langer Zeit lebten meine Vorfahren in Indien, Ägypten und Israel. In jenen Tagen entstanden die ersten Schriftzeichen. Sie waren heilig und voller Feuerkraft. Die Gelehrten verehrten jeden Buchstaben. Nur der König und der Priester konnten lesen. Etwas von dieser Urkraft wohnt auch heute noch in uns. Du kannst die Energie spüren, wenn du uns Buchstaben singst, uns mit Bewegung darstellst, uns zeichnest, schreibst oder liest. Die Königskinder und ich lehren dich nun das ›A – E – I – O – U‹. Erschrick nicht, es klingt jetzt alles ein bisschen komplizierter als es ist. Wir zeigen es dir der Reihe nach. Wenn du es einmal gelernt hast, ist es ganz einfach.
So wird es ausgeführt: Die Prinzessinnen und Prinzen A – E – I – O – U und M stellen sich in einer Reihe vor Su auf. Sie halten ihre Hände auf Brusthöhe, wobei die Handflächen gegeneinander gerichtet sind, und singen gemeinsam M. Sie schließen während der Übung die Augen.

Prinzessin A im grünen Kleid tritt hervor. Sie singt auf der Höhe des Herzens: »Aaaaaaahh!« Sie streckt dazu ihre Arme gegen den Himmel. Beim Erklingen von A breitet sie die hochgestreckten Arme zu einem Dreieck aus. Dies spiegelt die auf dem Kopf stehende A-Form wider. Die Energie von oben dringt durch die ausgestreckten Hände und Arme in ihren Körper ein.

Die Prinzessin E mit dem himmelblauen Schal tritt hervor. Sie singt auf der Höhe des Halses: »Eeeeeeh!« Während des E-Singens sinken ihre Arme auf Schulterhöhe in die Waagrechte. Sie kippt die ausgestreckten Hände nach oben, so entsteht mit dem Kopf zusammen der Buchstabe E. Die aufgenommene Energie wird dem Schulter- und Halsbereich zugeführt.

Der weiß gekleidete Prinz I tritt hervor. Er singt auf Kopfhöhe: »Iiiiiii-iiiiih!« Beim Singen des I kreuzen sich die gestreckten Arme in einer Auf- und Abwärtsbewegung vor dem Körper. Der Buchstabe I wird gebildet. Durch diese Bewegung werden Erd- und Universalenergie ausgetauscht.

Der goldene Prinz O tritt hervor. Er singt: »Oooooooh!« Beim Singen bildet er mit den Armen den Buchstaben O vor dem Bauch. Dabei liegt eine Hand lose in der Schale der andern. Durch die O-Form wird die Energie der Sonne bildlich dargestellt. Sie stärkt dein Sonnenzentrum im Bauch.

Der Prinz U tritt mit seinem roten Wams hervor. Er singt: »Uuuuuuuh!« Er formt mit Arm- und Handbewegungen den Buchstaben U vor seinem Becken. Beim Singen von U wird die Energie geerdet.

Zum Schluss tritt der Konsonant M hervor und singt: »Mmmmmmmh!« Während er singt, formen seinen Arme und Hände ein M auf Brusthöhe. Durch das Singen des M strömt die aufgenommene Energie in jede Zelle. Das leichte Vibrieren durchdringt jede Faser des Körpers, aktiviert und erfrischt ihn. Da ein Teil der Unterarme und die Handkanten auf der Brust aufliegen, fließt die Energie dieser Übung in das Herz.

Der Buchstabenkönig sagt zu Su: »Wir singen das ›A – E – I – O – U‹ drei- oder siebenmal. Komm, sing mit uns!« Su übt mit dem Buchstabenkönig und seinen Kindern dieses wundervolle Klanggeheimnis. Sie ist ganz stolz, dass sie es so schnell gelernt hat, und ist erstaunt, was sie beim Singen mit den geschlossenen Augen alles erlebt hat. Su spürte Wärme, Prickeln, Leichtigkeit. Sie sah vor ihrem inneren Auge Farben, Zahlen und Bilder. Su bedankt sich beim Buchstabenkönig und seinen Kindern und verabschiedet sich. Su fliegt mit ihrem Teppich nach Hause. Das ›A – E – I – O – U‹ begleitet sie.

DER REGENBOGEN

Der Regenbogen und seine Farben bleiben ein faszinierendes Rätsel, auch wenn man wissenschaftlich immer mehr davon weiß. Licht und Farbe sind auch heute noch eines der großen Geheimnisse in unserem Universum. Ich habe versucht, die Energie der Farben, ihre Schwingung und ihr Wesen in kindgerechten Geschichten und Spielanleitungen einzufangen. Die kleine Su, der Giftzwerg Zwick und die Farbelfen haben mir dabei geholfen.

Das Erleben der Farben ist eines der ganz besonderen Privilegien, die wir auf unserem Planeten genießen. Farben gehören in unser Leben, sie umgeben uns Tag für Tag. Was wir als Licht wahrnehmen, ist ein Teil des großen Spektrums elektromagnetischer Energien, die von der Sonne ausgestrahlt werden und auf die Erde gelangen. Wenn sie sich im Regen brechen, können wir sie als Regenbogenspektrum sehen. Farben haben verschiedene Schwingungen. Es gibt warme und kalte Farben. Sie können uns fröhlich, aktiv, ruhig oder besinnlich stimmen. Im Regenbogenspektrum zeigen sich Rot, Orange, Gelb als warme Farben. Sie wirken magnetisch. Grün ist von seiner Schwingung her weder warm noch kalt, es ist neutral. Darum ist Grün die Farbe der ausgleichenden Mitte. Die kühlen Farben sind Hellblau, Dunkelblau und Violett. Diese Farben wirken elektrisch.
Nur selten haben wir das Glück, den Regenbogen am Himmel zu sehen. Erfassen wir diese Gelegenheit, nehmen wir uns mit den Kindern Zeit für das kleine Wunder, wenn sich der Regenbogen in seiner Farbenpracht über den Himmel spannt.

Hier ein chinesisches Sprichwort, das vom richtigen Verhalten in diesem besonderen Augenblick erzählt:

> Die Arbeit läuft dir nicht davon,
> wenn du deinem Kind einen Regenbogen zeigst.
> Aber der Regenbogen wartet nicht,
> bis du mit deiner Arbeit fertig bist.

Su und die Regenbogenelfen

Wissenswertes für die Erzählerin und den Erzähler: Diese Geschichte eignet sich als Einstieg für Farbspiele und Farberlebnisse.
Die Geschichte von den Regenbogenelfen macht die Kinder sensibler für Farben. Mit den Spielanregungen können sie die Farben mit allen Sinnen erleben.

An einem schönen Sommertag spielte Su im Garten. Als es sanft zu regnen begann, stand plötzlich ein wunderschöner Regenbogen am Himmel. Er war als leuchtende Lichtbrücke über dem Haus zu sehen. Su staunte, wie intensiv die durchsichtigen Farben schimmerten. Sie strahlten: rot, orange, gelb, grün, hellblau, dunkelblau, violett. »Diesen Regenbogen möchte ich mir aus der Nähe ansehen«, dachte Su und streichelte ihr Bärenfell. Sie murmelte ihren Zauberspruch: »O du mein Bärenfell, fliege, fliege!« Und der Teppich flog mit ihr zum Regenbogen. Am Fuße der Regenbogenbrücke erwarteten Su sieben Regenbogenelfen. Jede Elfe trug ein Kleid, das in einer Regenbogenfarbe leuchtete. »Komm wir nehmen dich mit ins Regenbogenschloss!«, sagten die Elfen. Sie fassten Su an der Hand und schwebten mit ihr über die Regenbogenbrücke in den Himmel zum Regenbogenschloss. Sie erzählten Su: »Das Regenbogenschloss hat sieben Zimmer. Jedes Zimmer hat eine Türe in einer der Regenbogenfarben. Der Raum hinter jeder Türe ist mit der gleichen Farbe ausgestattet. Wir zeigen dir jetzt alle unsere Räume.«
Die Regenbogenelfe ROT trippelte mit Su zu der roten Türe und öffnete Su das Tor zum roten Zimmer. Sie durchschritt mit Su die rote Tür und betrat mit ihr das Gemach. Su staunte, was es da zu sehen gab. Alles war rot: die Wände, der Boden, die Decke. Su schlug eine warme Welle roter Luft entgegen. Es standen eine Menge Turngeräte herum. Viele rote Elfen turnten an diesen Geräten, schaukelten und hüpften, sprangen Seil, glitten über die Rutschbahnen und kletterten über die Leitern. Die Regenbogenelfe ROT sagte zu Su: »Siehst du, wir roten Elfen sind stark und voller Lebensenergie. Wir sind flink und fleißig und arbeiten gerne!« Su entdeckte im hinteren Teil des Raumes eine Wutecke. Die Regenbogenelfe ROT erklärte ihr:

»Hier darf man von Herzen wütend sein, stampfen und toben. Wütende Elfen bekommen vor Wut meistens tomatenrote Gesichter.« Was für ein Farbenspiel. Dunkelrot, Tomatenrot und Feuerrot wirbelten durch die Luft. Als Su sich umdrehte, sah sie vorne im Zimmer einen hellroten Teil. »Du hast unsere Ecke der Liebe entdeckt, sagte ROT. Hier findest du hellere Farben wie: Hellrot, Blassrot, Fuchsienrot, Pink, Himbeerrot und Rosenrot. Unser Rosenrot duftet wie pinkfarbene Rosen. Hier leben die hellroten Elfen. Sie sind voller Liebe, umarmen sich, tanzen miteinander, lachen und sind vergnügt. Sie singen und erzählen sich Geschichten mit Herzliebe. Wenn jemand traurig ist, sind sie da und trösten ihn.« Der Rundgang durchs rote Zimmer ist beendet. Su verlässt den Raum durch die rote Türe.

Danach wurde sie von der Regenbogenelfe ORANGE abgeholt und durch die orange Tür in den orangen Raum gebracht. Es war ein großer, heller Saal. In der Mitte des Raumes sprudelte orangefarbene Luft wie ein Springbrunnen vom Boden bis zur Decke. Darum herum standen vier Obstbäume. Sie waren voll mit leuchtenden Orangen behangen. Der Boden des Raumes wirkte wie ein orangefarbiger Teppich aus Ringelblumen. Viele Elfen malten Bilder. Einige töpferten Vasen und Spieltiere und eine andere Gruppe spielte Theater. Der Raum wirkte auf Su so belebend wie der Aufgang der Sonne. Die Regenbogenelfe ORANGE erklärte Su: »Wir haben viel Freude, Spaß und Fantasie. Wir wissen immer etwas zu machen und kennen keine Langeweile. Wir spielen auch gerne mit kleinen Kindern und jungen Tieren.« »Vielen Dank für die Führung durch das orange Zimmer!«, sagte Su zu der Elfe beim Verlassen des Raumes. »Mir hat es hier sehr gut gefallen, denn auch ich male gerne Bilder und liebe das Theater.«

Su schritt mit der Regenbogenelfe GELB durch das Schloss zur gelben Türe in den gelben Raum. Hier saßen die gelben Elfen auf goldenen Stühlen an goldenen Tischen und lasen in großen, goldenen Büchern. Die Regenbogenelfe GELB erklärte Su: »In unseren gelben und goldigen Büchern sind alles Wissen der Erde und alle Weisheit des Himmels aufgeschrieben.

Darum erzählen wir uns seit vielen, vielen Jahren Märchen, Sagen und Legenden. Gedichte auswendig lernen ist unsere Kunst!« Su schaute sich nun die Bewohner und den gelben Raum noch genauer an. Alle Elfen trugen hier gelbe Kleider und hatten goldene Haare. Einige spielten mit goldenen Bällen. An der Wand war ein goldener Bildteppich aufgehängt. Er war mit einem eingewobenen Ährenfeld verziert. Durch die goldgelben Vorhänge flutete Sonnenlicht in den Raum. Zitronenduft lag in der Luft. In goldenen Vasen hatten die gelben Elfen überall Sonnenblumen aufgestellt. Auf dem Fenstersims standen Honigtöpfe. Die Regenbogenelfe GELB lächelte verschmitzt: »Weißt du, Su, wir schlecken gerne und da ist Honig genau das Richtige. Möchtest du auch eine Fingerspitze davon stibitzen?« Su naschte vom Regenbogenhonig und fand ihn himmlisch. Schleckend verließ sie den Raum.

Nun holten die grünen Regenbogenelfen Su zu sich in ihren grünen Raum. Su dachte: »Hier ist es angenehm still und weit. Es riecht nach Tannenwald und Sonnenwiese.« In diesem grünen Raum bekam Su Lust, sich hinzusetzen und eine Fantasiereise zu machen. Sie wurde still und schloss die Augen. Sie sah eine Lotusblüte, die sanft erblühte und größer und größer wurde. Die Blütenblätter der Lotusblume waren weiß mit rosa Rändern und Goldpünktchen. Während Su so dasaß, hatte sie das Gefühl, rundum würden Pflanzen zu wachsen und zu grünen beginnen. Das ganze Zimmer war voll von wunderschönen Blumen, Gräsern und Blättern. Die grünen Regenbogenelfen glitten sanft zwischen den Pflanzen hin und her. Sie hegten und pflegten ihre Grünkraft. Von den Elfen und ihren Pflanzen ging viel Liebe und Heilkraft aus. Die Regenbogenelfe GRÜN tippte Su auf die Schulter und sagte: »Die Fantasiereise ist zu Ende, du musst aufwachen.« Su streckte sich und öffnete die Augen. »So einen wundersamen Garten habe ich in meinem Leben noch nie gesehen«, sagte Su und verabschiedete sich.

Als Nächstes stieg Su durch die hellblaue Tür zu den hellblauen Elfen. Ihr Raum war so hoch wie der Himmel. Er hatte oben eine blaue Wölbung in der Decke. Seine Himmelsfenster waren weit geöffnet und ein sanfter, küh-

ler Luftstrom wehte hinein. Das Zimmer wirkte wie das Meer und der Himmel in einem. Die Elfen trugen alle hellblaue, wallende Gewänder. Viele spielten Harfe und sangen. Andere sprachen, plapperten und erzählten, denn ihre Freude ist das Sprechen. Sie lieben die Wortmelodien und verstehen alle Sprachen der Erde und des Himmels.

Nun wurde Su von der Regenbogenelfe DUNKELBLAU abgeholt und in ihren Raum geführt, der aussah wie eine samtblaue Sommernacht. Die Decke war das aufgespannte Himmelszelt, dunkelblau und voller funkelnder Sterne. Der Mond hing als silberne Sichel dazwischen. Su hätte sich am liebsten in die Mondsichel gelegt, um in dem dunkelblauen Sternenhimmel zu schlummern. Die Elfe DUNKELBLAU erzählte Su: »Wir sind die Elfen der Nacht. Wir steigen jede Nacht vom Himmel herunter und bewachen die Träume der Menschen- und Tierkinder. Keines muss Angst haben. Wir hüllen alle Schlafenden in den dunkelblauen Königsmantel der Nacht und wiegen sie hin und her. Dazu summen wir Schlaflieder aus alter Zeit. Auf diese Weise fühlen sich alle Menschen- und Tierkinder beschützt und geborgen.«

Die nächste Regenbogenelfe war VIOLETT. Sie schwebte würdevoll auf Su zu, nickte majestätisch und sagte: »Ich möchte dich abholen und dir unseren violetten Raum vorführen! Gemächlich schritt sie in ihrem wallenden Gewand auf das violette Tor zu und ließ Su eintreten. Su zog die Luft ein und schnupperte. Es lag ein Duft von Veilchen, Flieder und Weihrauch in der Luft. Der Raum sah fast aus wie eine Kirche. Es brannten viele Kerzen. Die Fenster leuchteten wie bunte Glasbilder. Die violetten Elfen tanzten anmutig und sangen innige Lieder zur Ehre Gottes. Sie schickten violette Lichtbälle auf die Erde zu Menschen, die Schmerzen haben oder traurig sind. Denn das violette Licht kann heilen und helfen.

Sieben Elfen, von jeder Regenbogenfarbe eine, brachten Su zum Schluss zu der Regenbogenkönigin. Sie saß im Thronzimmer. Su durfte von dort durch das Fenster des Regenbogenschlosses auf die Erde schauen. Sie sah, wie die

Farbelfen über die Strahlen des Regenbogens auf die Erde hinunter rutschten. Sie hatten in kleinen Kübeln Farbe und Pinsel dabei und brachten den Pflanzen, Blumen und Bäumen die Farben der Sonne. Die Elfenkönigin bedankte sich für den Besuch von Su und wünschte ihr eine gute Rückreise. Su flog mit ihrem Bärenfell über den Regenbogen zurück zur Erde.

Spielanregungen:

- *Wir besprechen mit den Kindern die Geschichte.*
- *In welchem Raum des Regenbogenschlosses möchtest du wohnen?*
- *Welches ist deine Lieblingsfarbe? Und warum?*
- *Die Kinder dürfen Regenbogenelfen und den Regenbogen zeichnen.*
- *Wer zeichnet den Raum im Regenbogenschloss mit seiner Lieblingsfarbe?*
- *Wer hat Lust, das ganze Regenbogenschloss zu malen?*
- *Wir geben den Kindern große Baumwolltücher und Tüllschleier in allen Regenbogenfarben. Sie können sich damit verkleiden oder Hütten bauen.*
- *Die Regenbogenfarben kann man auch tanzen. Die Kinder tragen ein farbiges Chiffontuch oder Farbbänder in der Hand und setzen die jeweilige Farbe in passende Farbtänze um. Blau etwa bewegt sich wie Wellen im Wasser, schaukelt wie ein Boot im Meer, bewegt sich wie der Wind und die Wolken. Rot dagegen tanzt mächtig wild, heiß und gefährlich. Gelb bewegt sich warm, hell und sonnig, aber vielleicht auch grell und gemein. Wer hat noch mehr Tanzideen für die anderen Regenbogenfarben?*

Tanzende Regenbogenlichter

Wir hängen eine geschliffene Glaskugel vor ein Fenster. Wenn die Sonne durchscheint, bilden sich im Zimmer wunderschöne Regenbogen. Die Kinder freuen sich ungemein an diesen bunten Lichtquellen. Wenn sich die Glaskugel an der Schnur dreht, beginnen die Regenbogen an den Wänden im Zimmer zu tanzen. Manchmal sehen sie aus wie kleine Fische. Manchmal werden sie so groß wie unsere Hände. Sonnenlicht, das sich in geschliffenem Glas bricht, entwickelt so leuchtende und intensive Regenbogenfarben, wie man sie mit Malen nie auf Papier bannen kann.

»Blind« Farben malen

Wir stellen uns ganz ruhig hin und atmen tief ein und aus. Das ganze Spiel wird mit geschlossenen Augen gespielt. Wir stellen uns vor, an unserer Nase wächst ein langer Malpinsel. Vor unseren Füßen stehen drei Töpfe mit den Farben Rot, Gelb, Blau. Wir tauchen nun den Pinsel in den ersten Farbtopf mit der roten Farbe. Mit großen Schwüngen pinseln wir die Farbe an die gegenüberliegende Wand von unten nach oben. Wir versuchen, die Fläche ganz zu füllen. Wenn sie

voll bemalt ist, betrachten wir sie innerlich eine Weile. Dann gehen wir mit unserem Nasenpinsel zum zweiten Topf. Wir holen gelbe Farbe und bemalen nun die Wand wieder mit großen Schwüngen des Kopfes, von unten nach oben. Gelingt es uns, das Rot mit dem Gelb zuzudecken? Abschließend bemalen wir die Wand mit der blauen Farbe. Wir lassen jedes Mal nach dem Malen die Farbe auf uns einwirken. Am Schluss tauschen wir unsere Erfahrungen aus. Welche Farbe ließ sich nicht gut streichen? Welche war zähflüssig, dünn, saftig oder leuchtend? Damit wir kleine Kinder nicht überfordern, malen wir mit ihnen nur eine Farbe. Größere können sich auf zwei, drei Farben konzentrieren.

Farben »essen« und Farben »atmen«

Wir stellen uns wieder ruhig in den Raum und schließen die Augen. Wir atmen ein paar Mal tief durch. Nun erzählen wir eine kurze Geschichte. Zum Beispiel: Wir stellen uns vor, wir stehen unter einem Zitronenbaum. Er ist voller gelber Zitronen. Wir suchen uns die schönste Zitrone aus und pflücken sie. Nun halten wir sie in den Händen und riechen daran. Dann beißen wir mit unseren Zähnen in die saftige Zitrone hinein. Der Saft rinnt uns in den Mund und über die Lippen.

Wir stellen uns nun vor, wie wir die Zitrone essen. Unser Körper wird ganz gelb. Wir atmen das Gelb der Zitrone ein. Beim Ausatmen füllt sich auch der Raum damit. Am Schluss sind wir und der Raum ganz gelb. Wir lassen dann die Farbe über die Füße in den Boden hinein verschwinden. Anschließend dürfen die Kinder erzählen, was sie erlebt haben: Haben sie das Saure der Zitrone gespürt? Hat sich Speichel im Mund gebildet? Sind ihnen die Haare auf den Armen zu Berg gestanden, weil die Zitrone so sauer war? Dieses Spiel können wir gut auch mit anderen Früchten machen, zum Beispiel mit Himbeeren, Brombeeren, Heidelbeeren, aber auch mit Karotten, Tomaten und Salat. Mit kleinen Kindern immer nur eine Farbübung machen, größere verkraften zwei bis drei Spiele.

Blumenmandala

Kinder lieben Farben, darum lassen wir sie wie die Elfen Blumen malen in der Form von einem Mandala. Vielleicht schauen wir uns vorher eine Rose an oder andere Blumen. Dabei stellen wir fest, dass die Blütenblätter in einem wunderbaren kreisförmigen Muster angeordnet sind, wie ein Mandala. Was ist ein Mandala? Das Wort Mandala stammt aus dem Sanskrit, einer uralten Sprache aus Indien. Mandala bedeutet Kreis und Ring. In allen alten Kulturen waren Mandalas als farbige, geometrische Bilder anzutreffen. Mandalas waren heilige Zeichen. Licht, Farbe und Form wurden in ihnen so verbunden, dass eine Harmonie der Einheit entstand. Bei uns fand das Mandala in den Rosenfenstern der gotischen Kirchen seine höchste Vollendung. Schon das bloße Betrachten von einem Mandala beruhigt und zentriert. Kinder werden beim Malen von Mandalas ruhig. Während die Kinder an einem Mandala malen, breitet sich eine kreative Stille aus. Sie sind ganz bei sich. Ein inneres Ringen entsteht: Wo beginnen wir, wie fahren wir fort, welche Farbe und welche Form muss gewählt werden, damit das Bild symmetrisch wird? Wir lassen sie also Elfen spielen und mit den Regenbogenfarben die Märchenblumen malen. Abschliessend betrachten wir die fertigen Mandalas gemeinsam.

Wichtiges für Fantasiereisen

Wissenswertes für die Erzählerin und den Erzähler: Damit Fantasiereisen mit Kindern gelingen, brauchen wir Absprachen, Zeichen und Rituale. Wir machen sie wenn möglich immer am gleichen Ort. Der erste Schritt heißt: Wir legen uns auf eine Decke, werden alle leise und atmen ruhig ein und aus. Wir halten die Anleitungen für die Kinder knapp, brauchen wenig Worte und lassen zwischen den einzelnen Sätzen viel Zeit. Die Reise kann notfalls auch im Sitzen gemacht werden. Die Augen sollten geschlossen sein. Manchen Kindern fällt das leichter in Bauchlage. Zum Schluss der Reise kehren wir immer an den Ausgangspunkt zurück. Wenn die Kinder wollen, dürfen sie erzählen, was sie alles gesehen und erlebt haben.

Mit diesen Fantasiereisen führen wir die Kinder behutsam zu den Bildern ihrer inneren Welt. Diese Reisen sind eine Einladung zur Begegnung des Bewusstseins mit den eigenen seelischen Bildern. Nach C.G. Jung sind die Urbilder der Seele kultur- und religionsübergreifend. Kinder, die ruhig werden und innere Bilder wahrnehmen, können sich besser konzentrieren und zeigen höhere Gedächtnisleistungen.

Fantasiereise: Blumenwiese

Wir legen uns auf eine Decke, werden alle leise und atmen ruhig ein und aus. Wir sind entspannt und haben die Augen geschlossen. Wir hören dem Erzähler der Fantasiereise ruhig zu. Die Geschichte beginnt.

»Die Sonne scheint uns auf den Körper. Ein blauer Himmel wölbt sich über uns. Wohlige Wärme durchfließt uns von den Füßen bis zum Kopf. In unserer Fantasie stehen wir nun auf und gehen über einen kleinen Feldweg zu einer Blumenwiese. Wir setzen uns ins grüne Gras und schnuppern den Duft der Wiesenblumen. Die Grillen zirpen. Wir betrachten die vielen Wiesenblumen und atmen ihre Farben ein. Wir beobachten das emsige Treiben der Farbelfen und sehen, wie sie Blume um Blume farbig bemalen. Nach einiger Zeit gehen wir den gleichen Weg wieder zurück. Wir räkeln und strecken uns und öffnen die Augen. Wer will, kann erzählen, was er erlebt hat.«

Fantasiereise: Garten

Wir legen uns auf eine Decke, werden alle leise und atmen ruhig ein und aus. Wir sind entspannt und haben die Augen geschlossen. Wir hören dem Erzähler der Fantasiereise ruhig zu. Die Geschichte beginnt.

»Die Sonne scheint uns auf den Körper. Ein blauer Himmel wölbt sich über uns. Wohlige Wärme durchfließt uns von den Füßen bis zum Kopf. In unserer Fantasie stehen wir nun auf und gehen über Steinplatten zu unserem Gartentor. Wir öffnen die Türe und treten in unseren Wundergarten ein. Bei den Blumen wohnen hier auch Elfen. Sie tanzen über den duftenden Blüten und musizieren in den blauen Glockenblumen. Ihre Musik mischt sich mit dem Plätschern des Springbrunnens. Wir setzen uns auf die Gartenbank und verweilen hier ein bisschen. Wir betrachten das Wasserspiel und schauen dem Tanz der Elfen zu. Wir gehen zwischen den Blumen am Springbrunnen vorbei, zurück durchs Gartentor und schließen sorgfältig ab. Über den Steinplattenweg kommen wir zurück. Wir räkeln und strecken uns und öffnen die Augen.« Die Kinder erzählen, was sie im Wundergarten erlebt haben. Fantasiereisen können wie ein Ritual täglich oder wöchentlich wiederholt werden.

Fantasiereise: Rosenstrauch

Wir legen uns auf eine Decke, werden alle leise und atmen ruhig ein und aus. Wir sind entspannt und haben die Augen geschlossen. Wir hören dem Erzähler der Fantasiereise ruhig zu. Die Geschichte beginnt.

»Die Sonne scheint uns auf den Körper. Ein blauer Himmel wölbt sich über uns. Wohlige Wärme durchfließt uns von den Füßen bis zum Kopf. In unserer Fantasie

stehen wir nun auf und gehen zu unserem Rosenstrauch. Wir setzen uns darunter. Wir spüren, wie seine Wurzeln aus dem Boden Wasser aufsaugen. Wir fühlen, wie das Wasser bis in die Blätter fließt. Auf den Blättern spüren wir das Sonnenlicht. Wir nehmen es auf und lassen es über die Blätter und Zweige bis in die Wurzeln fließen. Der Rosenstrauch beginnt zu wachsen. Der Strauch wird größer und größer. Langsam entstehen Rosenknospen, sie öffnen sich und erblühen in voller Pracht. Was haben sie für eine Farbe und wonach duften sie? Wer hört Rosenelfen singen und mit Herzliebe Geschichten erzählen? Wenn wir ganz erfüllt sind vom Duft der Rosen, stehen wir langsam auf und gehen zu unserem Ausgangspunkt zurück. Wir räkeln und strecken uns und öffnen die Augen. Wir tauschen aus, was wir erlebt haben.«

Fantasiereise: Regenbogen

Wir setzen oder legen uns entspannt hin, schließen die Augen und atmen ruhig ein und aus. Wir stellen uns einen Regenbogen vor. Wir holen uns innerlich eine Farbe nach der anderen. Wir füllen uns beim Atmen ganz mit Rot, dann mit Orange, Gelb, Grün, Hellblau, Dunkelblau und Violett. Dann lassen wir den Regenbogen vor unserem inneren Auge wieder verschwinden. Wir strecken uns, räkeln uns, öffnen die Augen und sind wieder ganz da.

Die Regenbogenfarben sagen mir

Bei Rot renn hin und her,
mit Rot bewegen ist nicht schwer.
Bei Orange freu dich sehr,
sing, tanz und male immer mehr.
Bei Gelb zeigt sich das Strahlenmeer,
es dehnt sich aus und leuchtet sehr.
Bei Grün leg dich ins Gras,
ruh dich aus und träume was.
Bei Hellblau schwebst du in den Wolken,
wer hat für dich die Himmelskuh gemolken?
Bei Dunkelblau schau dir die Sterne an,
vielleicht siehst du im Mond den Mann.
Bei Violett setz ich mich hin
und danke für alles, was ich bin.

Das Regenbogenzelt

Modernes Märchen

Wissenswertes für die Erzählerin und den Erzähler: Das Regenbogenzelt zeigt uns, dass das Leben ohne Poesie grau und trist ist. Märchen und andere Geschichten sind Nahrung für die Seele, und die brauchen Kinder, um innerlich nicht zu verkümmern.

Es war einmal eine Stadt. In dieser Stadt wohnten Menschen wie in jeder anderen Stadt auch: große und kleine Menschen, dicke und dünne Menschen, reiche und arme Menschen, lustige und traurige Menschen.

Aber es schien allen Menschen in dieser Stadt, als ob das Leben in den hohen Häusern immer grauer und kälter würde.

Eines Tages kam ein Zelt in diese Stadt geflogen. Es landete mitten auf dem Hauptplatz. Es war ein riesiges, farbiges Zelt. Es hatte die Farben des Regenbogens: Rot, Orange, Gelb, Grün, Blau und Violett.

Die Menschen in dieser Stadt hatten davon gehört, dass dies das Regenbogenzelt war. Sie waren froh, dass es endlich auch zu ihnen gekommen war. Im Regenbogenzelt saß der Geschichtenerzähler. Er war voll und schwer von Geschichten. Darum war das Regenbogenzelt niedergegangen in dieser Stadt. Im Innern des Regenbogenzeltes erzählte der Geschichtenerzähler den Menschen Geschichten.

Er zündete zu jeder Geschichte ein besonderes Licht an. Wenn im Zelt ein blaues Licht brannte, erzählte der Geschichtenerzähler ein Märchen. Bei grünem Licht erzählte er eine Tiergeschichte. Und bei rotem Licht erzählte er eine Fantasiegeschichte.

Bei violettem Licht aber erzählte er gar nichts, und die Menschen saßen einfach da und lauschten den Geschichten, welche die Stille ihnen erzählte. Es war immer schön warm und gemütlich im Regenbogenzelt.

Viele Menschen kamen in das Zelt, darunter auch solche, die schon jahrelang keine Geschichten mehr gehört hatten. Die Menschen nahmen die Farben und Geschichten zurück in ihre grauen und kalten Häuser. Und das Leben in den Häusern wurde farbiger und wärmer.

Je mehr Geschichten der Geschichtenerzähler erzählt hatte, desto leichter wurde er. Und schließlich war er nicht mehr voll und schwer, sondern leicht und leer.

Da kam ein Windstoß, hob das ganze Regenbogenzelt samt Geschichtenerzähler hoch und brachte es zurück ins Geschichtenland.

Dort konnte sich der Geschichtenerzähler mit neuen Geschichten auffüllen. Vielleicht geht das Regenbogenzelt nächstens in deiner Stadt nieder. Du erkennst es an den Regenbogenfarben.

Dann gehe hin und höre den Geschichten des Geschichtenerzählers zu.

Spielanregungen:

- *Wir bauen uns ein Regenbogenzelt mit bunten Tüchern.*
- *Wir basteln farbige Laternen oder zünden Kerzen in den verschiedenen Regenbogenfarben an. Wer erfindet zur jeweiligen Farbe passende Geschichten?*
- *Die Mitspieler setzen sich im Kreis auf den Boden. Der Spielleiter legt ein einfarbiges Tuch in die Mitte. Vielleicht ist es gelb, rot oder blau. Alle Teilnehmer legen einen Gegenstand darauf, wenn möglich in der gleichen Farbe wie das Tuch. Nun beginnen sie der Reihe nach rundum zu den Gegenständen und der Farbe eine Geschichte zu erfinden.*
- *Zwei oder vier Kinder malen jeweils sieben weiße Schreibkarten einseitig an. Alle sieben Regenbogenfarben sind bei jedem Kind vertreten. Nun werden die Karten verdeckt auf den Tisch gelegt und ein lustiges Memory-Spiel kann beginnen. Wer am Schluss die meisten Farbpaare hat, ist der Gewinner.*
- *Wir sitzen im Kreis. In einem Korb in der Mitte liegen sieben Tücher in den Farben: rot, orange, gelb, grün, hellblau, dunkelblau und violett. Wer eine Geschichte erzählen oder darstellen will, holt sich ein Tuch in der Farbe seiner Wahl. Der oder die Darstellerin setzt es als Hut oder Schleier auf den Kopf, legt es als Schleppe oder Mantel über die Schultern, bindet es als Schürze um oder hält es einfach in den Händen. Die Kinder werden vom Tuch inspiriert. Am Ende der Geschichte wird das Tuch in den Korb zurückgelegt. Die nächste Geschichte beginnt …*

Die verzauberten Schweinchen

Wissenswertes für die Erzählerin und den Erzähler: Kinder lieben Hexensprüche und Zauberkünste. Manchmal möchten sie die Farbe wechseln wie ein Chamäleon. Die Geschichte von den verzauberten Schweinchen passt wunderbar zu diesem Wunsch. Der Hexenvers »Wumbalada, wumbalada wiste« macht es möglich.

Su und der Giftzwerg Zwick sind einmal im Sommer mit ihrem Bärenfell zum Bauer Sepp geflogen. Auf seinem Bauernhof wohnte Rosa, das Mutterschwein, mit sieben jungen Schweinchen. Sie lebten im Freien auf der Weide. Rosa stand nur da und passte auf ihre Jungen auf. Diese purzelten in der Wiese herum, rannten hin und her und grunzten freudig. Su und Zwick schauten dem munteren Treiben belustigt zu. Für Zwick sahen die kleinen Borstentiere alle viel zu rosa aus. Da kam ihm eine Idee. Er schlüpfte blitzschnell unter dem Zaun durch und stand mit einem kurzen Stecken auf der Weide inmitten der Schweinchen.
Er begann einen Hexenvers zu singen, den er aus dem Zauberbuch der Giftzwerge kannte. Es hieß da: »Willst du Farben verzaubern, hexe den Regenbogen von oben nach unten!« Und das tat er nun, indem er den Stecken wie einen Zauberstab schwang zu den Worten:
»Wumbalada, wumbalada, wumbalada wiste,
du sollst so lila sein wie Veilchen und wie Flieder,
wumbalada wiste, lila, lila biste!«
Und schon sah das erste Schweinchen lila aus.

Der Zauberspruch wirkte und der Giftzwerg war begeistert!
Er sang und zauberte fröhlich weiter:
»Wumbalada, wumbalada, wumbalada wiste,
du sollst so dunkelblau sein wie die Nacht und der Lapislazuli,
wumbalada wiste, dunkelblau biste!«
Und schon sah das zweite Schweinchen dunkelblau aus.

Zwick sang aus voller Kehle und bewegte den Zauberstab im Takt dazu:
»Wumbalada, wumbalada, wumbalada wiste,
du sollst so hellblau sein wie Himmel und Vergissmeinnicht,
wumbalada wiste, hellblau biste!«
Und schon sah das dritte Schweinchen hellblau aus.

Zwicks Farbenzauber wirkte immer schneller:
»Wumbalada, wumbalada, wumbalada wiste,
du sollst so grün sein wie der Nil und das Krokodil,
wumbalada wiste, grün, grün biste!«
Und schon sah das vierte Schweinchen grün aus.

»Wumbalada, wumbalada, wumbalada wiste,
du sollst so gelb sein wie die Zitrone und der Löwenzahn,
wumbalada wiste, gelb, gelb biste!«
Und schon sah das fünfte Schweinchen gelb aus.

»Wumbalada, wumbalada, wumbalada wiste,
du sollst so orange sein wie die Orange und die Ringelblume,
wumbalada wiste, orange, orange biste!«
Und schon sah das sechste Schweinchen orange aus.

»Wumbalada, wumbalada, wumbalada wiste,
du sollst so rot sein wie die Tomate und das Feuerwehrauto,
wumbalada wiste, rot, rot biste!«
Und schon sah das siebente Schweinchen rot aus.«

Der Bauer Sepp und Su kamen herbeigerannt und riefen aufgeregt: »Was ist denn da passiert? Die sieben Schweinchen sehen aus, als ob sie in Farbtöpfe gefallen wären.« »Hihi!«, kicherte Zwick, »ich habe sie in alle Regenbogenfarben verzaubert. Sehen sie nicht schön und farbenprächtig aus?« Auch Mutter Rosa schüttelte erstaunt den Kopf. Aber je länger sie ihre Jungen anschaute, desto schöner fand sie ihre Regenbogenschweinchen.

Su sagte zu Zwick: »Ich hab ja gar nicht gewusst, dass du ein so guter Zauberlehrling bist. Komm, setz dich zu mir aufs Bärenfell!« Sie winkten beide zum Abschied Sepp, Rosa und den sieben bunten Regenbogenschweinchen zu und flogen nach Hause.

Spielanregungen:

- *Wir spielen Giftzwerg Zwick und verzaubern mit dem Hexenvers und dem Zauberstab andere Kinder, Puppen und Bären in verschiedene Regenbogenfarben. Den Verzauberten legen wir passende Farbtücher um.*
- *Wirkt auch gut als Papiertheater und Handpuppenspiel.*

Die Regenbogenschlange

Indianermärchen

Wissenswertes für die Erzählerin und den Erzähler: Dieses Märchen zeigt uns, was für Vorstellungen und Symbole die Indianer dem Regenbogen zuordnen. Das Fremdartige und Geheimnisvolle kommt auch in den Indianermärchen vor. Die Träume und die Realität – das Märchen hat beides – zeigen uns, dass die Welt nicht nur so ist, wie sie ist, sondern auch, wie sie von den Menschen erhofft und erträumt wird.

Jedes Mal, wenn am Himmel ein Regenbogen erscheint, bewundern die Menschen seine bunten Farben und fragen nach dem Ursprung dieser seltsamen Schönheit. Aber nur die Indianer im Westen wissen eine uralte Sage darüber zu erzählen. Zu jener Zeit herrschte eine unerträgliche Hitze. Die glühende Luft zitterte über der fast verdorrten Prärie. Flüsse und Seen waren bis auf den Grund ausgetrocknet, und die Menschen, die sich nur noch im Schatten aufhalten konnten, jammerten: »Das Jagdwild zieht den Regenwolken nach! Die Fische schwimmen mit dem Strom mit! Nicht einmal die Rosen geben uns ihre essbaren Samen, weil sie vertrocknet sind! Wir werden alle sterben müssen!«
Diese Klagen der Menschen hatte eine kleine Schlange vernommen. Sie schlüpfte aus ihrem Versteck und sagte zum namenlosen Erstaunen der Indianer mit menschlicher Stimme: »Ich besitze eine große Macht, und die will ich dazu benützen, um euch zu helfen. Ihr braucht dabei nichts anderes zu tun, als mich hoch in den Himmel zu werfen.« »Du wirst herunterfallen und

55

tot sein«, entgegnete der Zauberer, der sich als Erster von dem Schreck erholt hatte. »O nein, ich halte mich mit meinen Schuppen fest. Und damit kann ich euch auch Regen und Schnee herunterkratzen, denn die blauen Himmelswiesen sind aus lauter bläulichem Eis.« »Du bist viel zu klein«, widersprach der Schamane kopfschüttelnd. »Ich kann mich so lang machen, dass ich den ganzen Horizont umspanne«, erwiderte die Schlange. »Wirf mich nur ruhig hinauf, je höher, desto besser.« Da wagte der Zauberer keine Widerrede mehr, nahm die Schlange, die sich zu einem Knäuel zusammengeringelt hatte, hob den Arm und schleuderte sie mit aller Kraft in den wolkenlosen Himmel hinauf. Oben angekommen, ringelte sich die Schlange auf. Sie wurde länger und länger. Kopf und Schwanz sanken zur Erde, aber der Rücken wölbte sich unfassbar hoch nach oben und kratzte mit den Schuppen das blaue Eis von der Himmelsdecke. »Eine Regenbogenschlange! Seht nur – eine Regenbogenschlange!«, riefen die Indianer, denn der Schlangenleib leuchtete plötzlich rot, gelb, grün und violett. Das Eis am Himmel begann zu tauen, und nach langer Zeit fielen endlich wieder Regentropfen zur Erde. Das Land erwachte zu neuem Leben; die ausgetrockneten Flüsse und Seen füllten sich mit Wasser, das Wild kehrte in seine Jagdgründe zurück, die Rosen prangten in Blüten. Und die Indianer? Die hielten ihre Gesichter den erfrischenden Wassertropfen entgegen und tanzten zur Ehre der Schlange, die seither immer, wenn es bei Sonnenschein regnet, ihren geschmeidigen Leib wie ein farbiges Band über die Erde wölbt.

Spielanregungen:

- *Wir legen eine Regenbogenschlange mit farbigen Steinen.*
- *Wir tanzen einen Regenbogenschlangentanz mit Tüchern oder Bändern aus allen Regenbogenfarben. Dazu machen wir Trommelmusik.*
- *Wir malen oder kleben gemeinsam ein Regenbogenschlangenbild.*

Der goldene Schlüssel

Ein Märchen der Brüder Grimm

Wissenswertes für die Erzählerin und den Erzähler: Dieses kurze Märchen hilft uns, mit dem goldenen Schlüssel im Schatzkästchen alle Farben der Welt zu entdecken. Es ist ein schöner Einstieg, sich farbige Schätze vorzustellen.

Zur Winterzeit, als einmal ein tiefer Schnee lag, mußte ein armer Junge hinausgehen und Holz auf einem Schlitten holen. Wie er es nun zusammengesucht und aufgeladen hatte, wollte er, weil er so erfroren war, noch nicht nach Haus gehen, sondern erst Feuer anmachen und sich ein bißchen wärmen. Da scharrte er den Schnee weg, und wie er so den Erdboden aufräumte, fand er einen kleinen goldenen Schlüssel. Nun glaubte er, wo der Schlüssel wäre, müßte auch das Schloß dazu sein, grub in der Erde und fand ein eisernes Kästchen. »Wenn der Schlüssel nur paßt!« dachte er, »es sind gewiß kostbare Sachen in dem Kästchen. Er suchte, aber es war kein Schlüsselloch da, endlich entdeckte er eins, aber so klein, daß man es kaum sehen konnte. Er probierte, und der Schlüssel paßte glücklich. Da drehte er einmal herum, und nun müssen wir warten, bis er vollends aufgeschlossen und den Deckel aufgemacht hat: Dann werden wir erfahren, was für wunderbare Sachen in dem Kästchen lagen.

Spielanregungen:

- *Die Kinder zeichnen die wunderbaren Sachen, die im Kästchen lagen.*
- *Sieben Kinder erzählen jeweils in einer Regenbogenfarbe, was für bunte Schätze sie unter dem weißen Schnee im Kästchen gefunden haben.*
- *Der offene Schluss dieses Märchens fordert uns immer wieder heraus, es weiterzuentwickeln und Fantasiegeschichten anzuhängen.*

ROT IST LEBENSKRAFT
UND BEWEGUNG

Sprichwörter und Redewendungen zum Thema

Wissenswertes für die Erzählerin und den Erzähler: Su und Zwick führen Sie und die Kinder mit dieser Geschichte in das Reich der Farbe Rot. Sie können gemeinsam das Wesen dieser Farbe erleben, fühlen und in Aktivitäten umsetzen. Von den Sprichwörtern und Redewendungen werden jeweils nur so viele weitergegeben, wie die kleinen Zuhörer verkraften können.

An einem heißen Sommertag fliegt Su mit ihrem Bärenfell zur Waldlichtung. Sie trifft sich dort mit dem Giftzwerg Zwick. Sie wollen im Freien Spaghetti kochen. Su beginnt Holz zu sammeln und schichtet es in der Feuerstelle auf. Mit ihrem Kessel holt sie Wasser aus der Quelle und hängt ihn über das Holz. Aufgeregt trippelt Zwick auf die Feuerstelle zu und ruft: »Warten, warten, ich will Feuer machen!« Su begrüßt den kleinen Wicht lachend und reicht ihm die Streichhölzer. Zwick zündet das Feuer an. Es qualmt und raucht, züngelt, schlägt Flammen, knistert und beginnt zu brennen. Zwick klatscht begeistert in die Hände, tanzt um das Feuer und singt:

> »Rot, rot, rot sind alle meine Kleider,
> rot, rot, rot ist alles, was ich hab.
> Darum lieb ich alles, was so rot ist,
> weil mein Freund ein Flammenkobold ist.«

Su packt die Tomaten aus und beginnt sie zu zerschneiden. Sie singt dazu:

>>Rot, rot, rot sind die Kirschen auf dem Baum,
Rot, rot, rot ist der Erdbeerschaum.
Rot ist die Zipfelmütze der Zwergenfrau,
rosarot ist das Schwänzchen ihrer Sau.<<

Später rührt Zwick in der pikant gewürzten Soße, bis sie gar ist. Er liebt den herrlichen Duft. Damit sie nicht anbrennt, singt er beim Rühren immer wieder:

>>Rot, rot, rot sind meine Tomaten.
Rot, so rot sind Spaghetti Napoli.
Im roten Auto fährt die Feuerwehr.
Rot ist die Farbe, die mir so gefällt.<<

Endlich sind die Spaghetti und die Tomatensoße fertig. Su richtet an. Die beiden setzen sich auf einen Baumstamm und essen schmatzend ihre Spaghetti Napoli. Was wirbelt denn da Rotes durch die Luft? Es ist eine rote Elfe. »Riecht das hier gut! Darf ich mich zu euch setzen?«, fragt sie die beiden. Kauend nicken die zwei. Die rote Elfe erklärt: »Das Rot der Flammen, die Hitze der Glut und der verführerische Duft der Tomatensoße haben mich angelockt.« Das rot gekleidete Energiebündel erzählt Su und Zwick alles über die Farbe Rot. Feurig berichtet sie:

* Rot ist die Farbe der Hitze.
* Rot ist die Liebe.
* Rot ist die Wut.
* Rot ist das Feuer.
* Rot ist das Blut.
* Der Himmel brennt im Abendrot.
* Wir schreiben rote Zahlen.
* Aus Scham bekomme ich einen roten Kopf.

* Zwerge tragen rote Zipfelmützen.
* Achtung, die rote Gefahr!
* Rosa ist die Farbe des Zarten und Süßen.
* Rot bringt Leben in den grauen Alltag.
* Rot ist die Farbe des Selbstvertrauens und der Stärke.
* Verliebte sehen alles durch eine rosa Brille.

In der Zwischenzeit ist das Feuer kleiner geworden. Die Flammen tanzen und schlängeln um das verkohlte Holz. Die Reste glimmen und leuchten rot. Su, Zwick und die rote Elfe fassen sich an den Händen und tanzen zum Abschied einen Feuertanz. Die rote Elfe klatscht in die Hände und ist verschwunden. Su und Zwick löschen mit Wasser das Feuer. Es zischt und qualmt. Zwick verabschiedet sich und verschwindet im Wald, Su setzt sich auf ihr Bärenfell und fliegt nach Hause.

Kinder entdecken die Farbe Rot

Rot tanzt mit uns im Kreise

Rot ist die Königin aller Farben. Rot ist Stärke und Selbstbewusstsein. Rot stärkt die Willenskraft, das Durchsetzungsvermögen und den Realitätssinn. Rot ist eine der drei Grundfarben. Rot soll die erste Farbe gewesen sein, der der Mensch einen Namen gegeben hat. Die meisten Kinder geben Rot und Pink als ihre Lieblingsfarben an.

Die Farbe Rot ist geprägt von zwei elementaren Erfahrungen: Rot ist die Farbe des Blutes und Rot ist die Farbe des Feuers. Rot ist aktiv, ist Bewegung, ist dynamisch, bedeutet Lebenskraft. Das rote, heiße Feuer reinigt und vertreibt die Kälte.

Rot ist eine warme Farbe. Der Mensch reagiert auf die Farbe Rot mit erhöhter Pulsfrequenz. Als Heilfarbe ist Rot die Farbe der Energieaufladung. Interessanterweise rät Rudolf Steiner, besonders unruhige Kinder in Rot zu kleiden. Die rote »Außenfarbe« erzeuge im Innern der Kinder die Komplementärfarbe Grün, und Grün wirkt beruhigend. Rot bringt Leben und Wärme in unseren grauen Alltag.

- Wir besprechen mit den Kindern Redewendungen zum Thema Rot.
- Wer kann Sprichwörter zum Thema Rot pantomimisch darstellen?
- Wir malen gemeinsam ein rotes Fantasiebild mit verschiedenen Rottönen wie: Rostrot, Signalrot, Hellrot, Pink, Himbeerrot, Knallrot, Weinrot, Ziegelrot.
- Wir machen mit den Kindern ein Feuer, sitzen drumherum, erzählen Geschichten, singen Lieder und beobachten den Tanz der Flammen.
- Wir sammeln rote Schätze zum Fühlen, Bestaunen und Spielen.
- Am roten Tag tragen wir rote Kleider und verwenden rote Gegenstände.
- Wir lassen uns von roten Geschichten verzaubern und spielen sie nach.
- Wir essen rote Früchte und rotes Gemüse. Wie schmeckt das?
- Beim Malen spielen und experimentieren wir mit Rot.
- Wie wirkt Rot auf unsere Sinne, unser Gemüt, unsere Fantasie?
- Rot in der Natur: Gibt es rote Tiere? Wer entdeckt rote Blumen?
- Beim Museumsrundgang spüren wir Bilder auf, die voller Rottöne sind.

Rot ist wie ...

Wir spielen dafür das Ratespiel: »Rot ist wie ...«, damit die Kinder die Farbenvielfalt erleben und sie mit Gefühlen und Erlebnissen verbinden. Die Kinder zählen auf:
»Rot ist wie Lippen. Rot ist wie Blut. Rot ist wie Tomaten. Rot ist wie das Feuerwehrauto. Rot ist wie Korallen. Rot ist wie Pfingstrosen. Rot ist wie Mohnblumen. Rot ist wie Kerzen. Rot ist wie Kirschen. Rot ist wie Erdbeeren. Rot ist wie Himbeereis. Rot ist wie Rost. Rot ist wie Glut. Rot ist wie Feuer. Rot ist wie Leuchtstift, Nagellack, Bremslichter und Rubine.«
Wer kann die rote Farbenvielfalt noch ergänzen?

Ich sehe was, was du nicht siehst, und das ist rot

Der Spielleiter sucht sich mit den Augen einen roten Gegenstand aus. Das kann ein Kleidungsstück sein, ein Gegenstand im Zimmer, ein Spielzeug, ein Auto auf dem Parkplatz, Sachen aus der Umgebung oder der Natur. Wer den roten Gegenstand als Erstes errät, ist in der nächsten Runde Spielleiter.

Ich packe in meinen Rucksack

Die Kinder sitzen in einer Reihe. Der Spielleiter wirft ihnen einen Ball zu und sagt dazu: »Ich packe in meinen Rucksack ...« Der Ballfänger ruft etwa: »Ein Feuerwehrauto.« Es dürfen nur rote Gegenstände in den Rucksack eingepackt werden. Jeder Spieler wiederholt die ganze Wörterkette. Wer ein Wort vergisst, dem wird geholfen. Bei Rot fällt den

Kindern vielleicht ein: Feuerwehrauto, roter Regenschirm, Nagellack, eine Tomate, rote Stiefel, eine rote Haarschleife, rotes Halstuch, rote Socken und so weiter.

Verkehrte Welt

Ist die Tomate schwarz?
Nein, sie ist tomatenrot.
Ist der Fuchs grün?
Nein, der Fuchs hat ein fuchsrotes Fell.
Ist das Schweinchen lila?
Nein, das Schweinchen ist rosarot.
Ist das Marienkäferchen blau
und hat es weiße Punkte?
Nein, das Marienkäferchen ist rot und hat schwarze Punkte.

Wer kennt rote Blumen?

Die Kinder sitzen in einer Reihe oder im Kreis. Der Spielleiter wirft einem nach dem andern den Ball zu. Beim Fangen wird der Name einer roten Blume gerufen wie: »Rote Rosen, rote Tulpen, Weihnachtsstern, Klatschmohn, Geranien, Phlox, Pfaffenhütchen, rote Dahlien, Rotklee, Pfingstrosen, Löwenmäulchen, rote Lupinen, rote Gladiolen, Fuchsien, Alpenrosen, Bartnelken und Alpenveilchen.« Wer kennt noch andere rote Blumen?

Rote Früchte und Gemüse

Dieses Jahr achten wir besonders im Sommer und Frühherbst auf rote Früchte und Gemüse. Wir finden sie im Garten, auf dem Gemüsemarkt und im Einkaufszentrum. Wir schauen sie genau an, betasten sie, riechen daran und fühlen beim Essen, wie sie schmecken. Wir entdecken etwa: Kirschen, Erdbeeren, Himbeeren, rote Johannisbeeren, Preiselbeeren, Wassermelonen, Hagebutten, Lychees und Äpfel. Bei den Gemüsen finden wir: Tomaten, Pfefferschoten, rote Peperoni, Rhabarber, Radieschen, Chili, rote Paprika, rote Bohnen und Rote Beete.

Stillleben malen oder kleben

Auf unserem Bild ist ein Tisch mit einer Schüssel oder einem Teller zu sehen. In dieses Gefäß malen wir nun Tomaten, Pfefferschoten, Erdbeeren, Kirschen und Äpfel hinein. Wer ein Bild kleben will, findet rote Früchte und Gemüse in Zeitschriften, Gartenzeitungen und Gartenkatalogen. Wir schneiden alle roten Früchte und Gemüse aus und arrangieren sie zu einem roten Stillleben.

Marienkäfer oder Schweinchen?

Wer kennt rote Tiere? Wo leben sie: im Zoo, auf Blumen, im Wald, auf Bäumen oder im Stall? Die Kinder erinnern sich, wo sie rote Tiere getroffen haben. Sie erzählen, wo sie leben, wie sie aussehen, was sie fressen. Vielleicht können sie die Tiere pantomimisch darstellen, und die andern müssen die Tiere erraten. Das könnte zum Beispiel sein: ein Marienkäfer, ein Fuchs, ein Rotschwänzchen, ein Krebs, ein Schweinchen, ein Flamingo, eine rothaarige Katze, ein Papagei, ein Rotkehlchen, ein Eichhörnchen oder eine rote Schnecke?

Feuerdrachen und Zwergenhut

Da Rot die Farbe der Kraft ist, malen wir mit den Kindern kraftvolle, leuchtende Bilder in Rot. Wer versucht es mit riesigen Feuerdrachen, einer pustenden, roten Dampflokomotive oder einem roten Auto, das durch die Gegend flitzt? Im Märchenreich zeichnen wir Zwerge mit roten Zipfelmützen und Riesen mit roten Stiefeln. Die Kinder erfinden dazu eigene Geschichten. Vielleicht hilft ihnen die tomatenrote Figur des Kasperles dabei und flüstert ihnen beim Malen gute Ideen ein. Wenn die Bilder fertig sind, erzählen sie sich gegenseitig die Geschichten.

Wir suchen rote Steine

Wir finden sie in Steinläden, auf Märkten und an Mineralienbörsen. Für Kinder eignen sich besonders gut folgende Halbedelsteine: Rosenquarz, rötlicher Achat, roter Jaspiz, Rosengranit. Der Granat ist rot bis violett, fast schwarz. Der Rhodochrosit ist rosarot mit weißen Strichen und einem schönen Glasglanz. Manchmal hat er außen einen Krustenüberzug, wie eine Rinde. Die Grundfarbe des Rhodonit ist rosa bis himbeerrot, er hat schwarze Flecken. Er gilt als Mutstein für Kinder.

Jorinde und Joringel

Ein Märchen der Brüder Grimm

Wissenswertes für die Erzählerin und den Erzähler: Die Erzzauberin verwandelt Jorinde in einen Vogel und hält ihn im Schloss gefangen. Joringel kann wegen einer Bannmeile die geliebte Frau nicht erlösen. Er träumt von einer roten Blume mit einem großen Tautropfen in der Mitte. Am neunten Tag findet er die rote Blume. Alles, was er mit der roten Blume berührt, wird vom Zauber frei. Das erlösende Mittel in diesem Märchen ist die rote Blume.

Es war einmal ein altes Schloß mitten in einem großen, dicken Wald, darinnen wohnte eine alte Frau ganz allein, das war eine Erzzauberin. Am Tage machte sie sich zur Katze oder zur Nachteule, des Abends aber wurde sie wieder ordentlich wie ein Mensch gestaltet. Sie konnte das Wild und die Vögel herbeilocken, und dann schlachtete sie's, kochte und briet es. Wenn jemand auf hundert Schritte dem Schloß nahe kam, so mußte er stillestehen und konnte sich nicht von der Stelle bewegen, bis sie ihn lossprach; wenn aber eine keusche Jungfrau in diesen Kreis kam, so verwandelte sie dieselbe in einen Vogel und sperrte sie dann in einen Korb ein und trug den Korb in eine Kammer des Schlosses. Sie hatte wohl siebentausend solcher Körbe mit so raren Vögeln im Schlosse.

Nun war einmal eine Jungfrau, die hieß Jorinde; sie war schöner als alle anderen Mädchen. Die und dann ein gar schöner Jüngling namens Joringel hatten sich zusammen versprochen. Sie waren in den Brauttagen, und sie hatten ihr größtes Vergnügen eins am andern. Damit sie nun einsmalen vertraut zusammen reden könnten, gingen sie in den Wald spazieren. »Hüte dich«, sagte Joringel, »daß du nicht so nahe ans Schloß kommst.« Es war ein schöner Abend, die Sonne schien zwischen den Stämmen der Bäume hell ins dunkle Grün des Waldes, und die Turteltaube sang kläglich auf den alten Maibuchen.

Jorinde weinte zuweilen, setzte sich hin im Sonnenschein und klagte; Joringel klagte auch. Sie waren so bestürzt, als wenn sie hätten sterben sollen; sie sahen sich um, waren irre und wußten nicht, wohin sie nach Hause gehen sollten. Noch halb stand die Sonne über dem Berg, und halb war sie unter. Joringel sah durchs Gebüsch und sah die alte Mauer des Schlosses nah bei sich; er erschrak und wurde todbang. Jorinde sang:

»Mein Vöglein mit dem Ringlein rot
singt Leide, Leide, Leide:
es singt dem Täubelein seinen Tod,
singt Leide, Lei – zicküth, zicküth, zicküth.«

Joringel sah nach Jorinde. Jorinde war in eine Nachtigall verwandelt, die sang zicküth, zicküth. Eine Nachteule mit glühenden Augen flog dreimal um sie herum und schrie dreimal schu, hu, hu, hu.

Joringel konnte sich nicht regen: er stand da wie ein Stein, konnte nicht weinen, nicht reden, nicht Hand noch Fuß regen. Nun war die Sonne unter; die Eule flog in einen Strauch, und gleich darauf kam eine alte krumme Frau aus diesem hervor, gelb und mager: große rote Augen, krumme Nase, die mit der Spitze ans Kinn reichte. Sie murmelte, fing die Nachtigall und trug sie auf der Hand fort. Joringel konnte nichts sagen, nicht von der Stelle kommen; die Nachtigall war fort. Endlich kam das Weib wieder und sagte mit dumpfer Stimme: »Grüß dich, Zachiel, wenn's Möndel ins Körbel scheint, bind los, Zachiel, zu guter Stund.« Da wurde Joringel los. Er fiel vor dem Weib auf die Knie und bat, sie möchte ihm seine Jorinde wiedergeben, aber sie sagte, er sollte sie nie wiederhaben, und ging fort. Er rief, er weinte, er jammerte, aber alles umsonst. »Uu, was soll mir geschehen?« Joringel ging fort und kam endlich in ein fremdes Dorf; da hütete er die Schafe lange Zeit. Oft ging er rund um das Schloß herum, aber nicht zu nahe dabei. Endlich träumte er einmal des Nachts, er fände eine blutrote Blume, in deren Mitte eine schöne große Perle war. Die Blume brach er ab, ging damit zum Schlosse: alles, was er mit der Blume berührte, ward von der Zauberei frei;

auch träumte er, er hätte seine Jorinde dadurch wiederbekommen. Des Morgens, als er erwachte, fing er an, durch Berg und Tal zu suchen, ob er eine solche Blume fände; er suchte bis an den neunten Tag, da fand er die blutrote Blume am Morgen früh. In der Mitte war ein großer Tautropfe, so groß wie die schönste Perle. Diese Blume trug er Tag und Nacht bis zum Schloß. Wie er auf hundert Schritt nahe bis zum Schloß kam, da ward er nicht fest, sondern ging fort bis ans Tor. Joringel freute sich hoch, berührte die Pforte mit der Blume, und sie sprang auf. Er ging hinein, durch den Hof, horchte, wo er die vielen Vögel vernähme; endlich hörte er's. Er ging und fand den Saal, darauf war die Zauberin und fütterte die Vögel in den siebentausend Körben. Wie sie den Joringel sah, ward sie bös, sehr bös, schalt, spie Gift und Galle gegen ihn aus, aber sie konnte auf zwei Schritte nicht an ihn kommen. Er kehrte sich nicht an sie und ging, besah die Körbe mit den Vögeln; da waren aber viele hundert Nachtigallen, wie sollte er nun seine Jorinde wieder finden? Indem er so zusah, bemerkte er, dass die Alte heimlich ein Körbchen mit einem Vogel wegnahm und damit nach der Türe ging. Flugs sprang er hinzu, berührte das Körbchen mit der Blume und auch das alte Weib; nun konnte sie nichts mehr zaubern, und Jorinde stand da, hatte ihn um den Hals gefaßt, so schön, wie sie ehemals war. Da machte er auch alle die andern Vögel wieder zu Jungfrauen, und da ging er mit seiner Jorinde nach Hause, und sie lebten lange vergnügt zusammmen.

Spielanregungen:

- *Wir malen oder basteln große, rote Blumen.*
- *Wir spielen das Märchen mit Miniaturspielzeug aus Holz oder Kunststoff als Tischtheater nach.*
- *Wir erzählen das Märchen, die Kinder stellen es pantomimisch dar.*

Was Urgroßmutter erzählt

Ein Märchen aus den USA

Wissenswertes für die Erzählerin und den Erzähler: Dieses kleine Märchen stammt aus den USA. Es erzählt, wie das rosenrote Elfenwesen mit den Kindern Leben, Freude und Wärme in das Dorf brachte.

Es war einmal ein kleines, rosenrotes Elfenwesen. Es hatte ein schönes Daheim, weich ausgestattet mit feinsten Daunen aus zartem Entenflaum; darinnen duftete es nach Tannenreisig, und es war da reichlich Raum für die kleinen Schätze, die es besaß. Eines Tages, als das Elfenwesen rote Beeren sammelte, kam es an ein kleines Dorf, in dem überhaupt keine Kinder lebten. Traurig waren die Leute da bei ihrer täglichen Arbeit – keiner backte Pfefferkuchenmännlein, keiner sang fröhliche Lieder, und keiner erzählte die schönen Geschichten, die Kinder so gerne hören. Da dachte der kleine Elf: »Ich muss Kinder in das Dorf bringen, damit sie das Herz der Menschen erfreuen.«

Er ging zu der weisen, alten Eule und fragte sie um Rat. »Drei Dinge musst du mir bringen«, sagte die Eule, »dann sollen schon Kinder in das Dorf kommen!« Die drei Dinge, die die Eule verlangte, waren ein immergrüner Zweig von der Schierlingstanne, ein Federchen vom blauen Häher und ein bunter Edelstein. Als das Elfenwesen das hörte, wurde es froh und traurig zugleich. Froh, weil es ja diese Schätze besaß, traurig, weil es sie nun hingeben sollte. Aber es wusste doch gleich, was es tun wollte. Schnell eilte es heim und brachte der Eule die drei Schätze. »Weise Eule«, sagte es, »hier bringe ich die Feder, den Zweig und den Edelstein.«

Genau zu der Zeit kamen die ersten Kinder ins Dorf und immer neue dazu. Wie freuten sich die Eltern und jubelten über ihre Kinderlein! Es dauerte nicht lange, da duftete es in den Dorfstraßen nach Pfefferkuchen, da hörte man die Kinder fröhliche Lieder singen und sah die Mütter sitzen und ihren Kindern schöne Geschichten erzählen. Die Eltern waren voll Dankbarkeit und wanderten hin zu der weisen, alten Eule. »Wie ist es denn zugegangen, dass die Kinder uns gefunden haben?« Nun erzählte die Eule alles, auch, wem sie ihr Glück verdankten. Da sammelten die Eltern drei ebenso kostbare Schätze und brachten sie dem Elfenwesen – einen duftenden immergrünen Zweig, eine blaue Feder und einen leuchtenden Edelstein.

Spielanregungen:

- *Wir suchen mit den Kindern so kostbare Schätze wie: immergrüne Zweige, blaue Federchen und leuchtende Edelsteine. Wer macht sich auf die Schatzsuche?*
- *Wenn wir sie gefunden haben, können wir die Geschichte nachspielen.*
- *Wer möchte wie die Urgroßmutter das Märchen erzählen?*
- *Wer kann so leicht und flaumig tanzen wie die rosarote Elfe?*
- *Wer fliegt so lautlos wie die alte Eule und nickt so weise mit dem Kopf?*
- *Wer tanzt den Familienfreudentanz?*
- *Wer singt das schönste Lied?*
- *Wir backen Pfefferkuchenmännchen für das Freudenfest.*

Rotes Märchen

Nach einem russischen Puppenspiel

Wissenswertes für die Erzählerin und den Erzähler: Da Rot die Lieblingsfarbe der meisten Kinder ist, erzählt dieses kleine Märchen eine Geschichte ganz in Rot. Sie soll für Kinder schön, erholend und freudebereitend sein. Eine rote Figur führt durch die Geschichte, das kann der Kasper oder ein Zwerg sein. Immer wenn eine neue Figur auftaucht, unterbricht er kurz die Erzählung und zeigt sie. Das rote Märchen wird als Legegeschichte auf einem Tuch oder als Stecktheater gespielt.

Kasper tritt auf, begrüßt die Kinder und beginnt:
»Jetzt erzähle ich euch ein rotes Märchen. Dieses rote Märchen fing damit an, dass ich ein rotes Auto hatte.« Er holt das rote Auto und zeigt es:
»Ich setzte mich hinein, und dann fuhr ich so lange, bis ich in einem roten Wald ankam.« Er holt rote Tannenbäume und einen Teddybären.
»Ich hab einen roten Teddybär getroffen.« Die beiden begrüßen sich.

Kasper erzählt weiter: »Dann sah ich ein rotes Häschen und einen roten Vogel.«

Er holt ein rotes Häschen und einen roten Vogel. Das rote Häschen schnuppert im Wald und der rote Vogel fliegt umher.

»Ich habe sie in das rote Auto einsteigen lassen. Und wir sind über die rote Wiese nach Hause gefahren, als gerade ein rotes Gewitter hochzog.«

Kasper markiert die Wiese mit roten Blumen, das Gewitter mit einer roten Wolke. Er erzählt weiter: »Dann sind wir in die Stadt gerollt, in deren Mitte sich ein rotes Haus befindet. Wir sind schnell in das rote Haus gerannt, in das rote Zimmer.«

Kasper zeigt das rote Haus, das rote Zimmer, die Möbel und den roten Hund. Er erzählt: »Im roten Zimmer hat uns ein roter Hund erwartet. Wir fühlten uns sehr wohl.«

Der rote Vogel sang:

>»Rot, rot, rot sind alle meine Kleider.
Rot, rot, rot ist alles, was ich hab.
Darum lieb ich alles, was so rot ist,
weil mein Teddy rote Haare hat.«

>Rot, rot, rot sind alle meine Kleider.
Rot, rot, rot ist alles, was ich hab.
Darum lieb ich alles, was so rot ist,
weil mein Häschen rote Ohren hat.

>Rot, rot, rot sind alle meine Kleider.
Rot, rot, rot ist alles, was ich hab.
Darum lieb ich alles, was so rot ist,
weil mein Hund ein rotes Schwänzchen hat.

>Rot, rot, rot sind alle meine Kleider.
Rot, rot, rot ist alles, was ich hab.
Darum lieb ich alles, was so rot ist,
weil mein Auto rote Räder hat.«

Kasper singt:

> »Ich habe mit dem roten Teddybär,
> mit dem roten Häschen,
> mit der roten Puppe,
> mit dem roten Hund getanzt,
> bis der rote Mond erschien
> mit den roten Sternen.«

> Kasper holt den roten Mond und die roten Sterne.
> Die Geschichte geht dem Ende entgegen.
> Der rote Vogel fliegt auf die rote Wolke.
> Der rote Teddybär geht in den Wald zurück.
> Das rote Häschen hoppelt auf die Wiese.
> Kasper holt sich ein rotes Kissen und eine rote Decke.
> Er legt sich hin, deckt sich zu und träumt schöne rote Träume.

Spielanregungen:

- *Wir schneiden aus Karton die einzelnen Figuren aus: Kasper oder Zwerg, Auto, Wald, Teddybär, Häschen, Blumen, Wolke, Stadt, Haus, Möbel, Puppe, Mond, Sterne, Kissen. Wir bemalen die Figuren in verschiedenen Rottönen. Damit die Requisiten lebhafter wirken, zeichnen wir die Konturen schwarz und weiß. Für das Stecktheater brauchen wir einen Streifen Wellpappe, etwa 70 x 15 Zentimeter groß. Die bemalten Figuren befestigen wir mit durchsichtigem Klebeband an Zahnstochern. Beim Erzählen wird jeweils die passende Figur eingesteckt oder wieder weggenommen.*
- *Wir stellen uns am Schluss der Geschichte ein rotes Essen zusammen.*
- *Wir versuchen mit den Kindern herauszufinden, wie viele Rottöne sie kennen. Denn Rot ist nicht gleich Rot: z.B. Rosa, Dunkelrot, Tomatenrot, Fuchsienrot …*
- *Wir sammeln rote Gegenstände und Bilder aus Zeitschriften und stellen sie aus.*
- *Die Kinder wählen ihr Lieblingsrot.*
- *Wer erzählt und malt die Geschichte in einer anderen Farbe?*

Blau berührt Himmel und Erde

Sprichwörter und Redewendungen zum Thema

Wissenswertes für die Erzählerin und den Erzähler: Su und Zwick führen Sie und die Kinder mit dieser Geschichte in das Reich der Farbe Blau. Sie können gemeinsam das Wesen dieser Farbe erleben, fühlen und in Aktivitäten umsetzen. Von den Sprichwörtern und Redewendungen werden jeweils nur so viele weitergegeben, wie die kleinen Zuhörer verkraften können.

Su sitzt mit dem Giftzwerg Zwick am Gartenteich. Sie betrachten fasziniert ihre Spiegelbilder im Wasser. Beim Singen scheinen ihre Gesichter Grimassen zu machen. Zweistimmig pusten sie:

> »Blau, blau, blau sind alle meine Kleider,
> Blau, blau, blau ist alles, was ich hab.
> Darum lieb ich alles, was so blau ist,
> weil mein Freund ein Wasser-, Wassertropfen ist.«

Mit einem leichten Plumps setzt sich eine blau Elfe neben die beiden und stellt sich ihnen vor: »Ich bin die Farbelfe Blau und das Blau fällt immer aus heiterem Himmel auf die Erde. Dort oben wohne ich im Wolkenkuckucksheim. Am liebsten setze ich mich auf eine Wolke und träume so vor mich hin. Wenn ich durch die Luft über das Meer segle, sehe ich, wie sich das Himmelsblau im Wasser spiegelt. Das Farbenspiel ist wundervoll. Es wechselt von Hellblau zu Dunkelblau, Tiefblau, Königsblau, Meerblau, Tintenblau.« »Das ist aber spannend«, staunt Su. »Ich hab gar nicht gewusst, dass es so viele Blautöne gibt im Wasser. Das nächste Mal, wenn ich mit meinem Bärenfell auf die andere Seite der Welt fliege, schaue ich mir die Farben des Meeres genauer an. Könntest du mir und Zwick die Geheimnisse der Farbe Blau verraten?« Die Farbelfe Blau berichtet:

* Blau ist die Farbe der Ferne und Weite.
* Blau ist die Farbe des Himmels.
* Blau ist der Sternenmantel der Nacht.
* Das Blau auf einer Wolke träumt.
* Das Blau kommt aus heiterem Himmel.
* Blau ist das Meer.
* Blau ist die Farbe der Kühle.

* Blau beruhigt. Blau bietet Schutz.
* Das Blau liebt den Frieden.
* Wer ist blaublütig?
* Was ist eine Fahrt ins Blaue?
* Blauäugig, was ist das?
* Wer verspricht das blaue Wunder vom Himmel?

Der Giftzwerg Zwick wird ungeduldig. Er hüpft von einem Bein auf das andere, stampft und brüllt: »Sei doch nicht so blauäugig, Su! Lass dir nicht das Blaue vom Himmel versprechen. Die Farbelfe Blau ist nicht blaublütig, auch wenn sie sich noch so königlich benimmt. Mach lieber mit mir eine Fahrt ins Blaue.« Su fasst Zwick an der Hand und sagt: »Beruhige dich, lüg nicht das Blaue vom Himmel herunter! Wir werden uns jetzt gemeinsam mit der Farbelfe das Blau ansehen und spüren, wie es sich anfühlt.« Die Farbelfe Blau nimmt die beiden mit auf eine Entdeckungsreise, gemeinsam tauchen sie ein in die Farbe Blau.

Kinder entdecken die Farbe Blau

Wir träumen mit dem Blau

Blau ist bei Erwachsenen eine sehr beliebte Farbe. Es symbolisiert viele angenehme Eigenschaften wie: Sympathie, Treue, Sehnsucht, Romantik, Geborgenheit, Weite und Freiheit. Das Blau erinnert uns auch an den wolkenlosen, sonnigen Himmel im Urlaub und das kühle Wasser des Meeres. Blau ist eine erfrischende und gleichzeitig kühle Farbe. Blau hat etwas Geheimnisvolles an sich. Man fühlt sich leicht, träumerisch und entspannt. Wir machen uns nun tanzend, singend, spielend, Geschichten erzählend und Verse dichtend auf den Weg ins Blaue Land. Hier ein paar Spielanregungen zum Träumen und Aktivwerden:

- Wir besprechen mit den Kindern Redewendungen zum Thema Blau.
- Wer kann Sprichwörter zum Thema Blau pantomimisch darstellen?
- Wir malen gemeinsam ein Blaues Wunderbild.
- Wir versuchen mit den Kindern, Blaues zwischen Himmel und Erde zu finden.
- Was lässt sich am himmelblauen, was am nachtblauen Himmel entdecken?
- Wir sammeln blaue Schätze zum Fühlen, Bestaunen und Spielen.
- Am blauen Tag tragen wir blaue Kleider und verwenden blaue Gegenstände.
- Wir hören blaue Geschichten und spielen sie nach.
- Wer entdeckt sinnliche Gaumenfreuden beim Essen von blauen Früchten?
- Beim Malenspielen experimentieren wir mit Blau
- Wir färben Wasser in verschiedenen Blautönen.
- Wie wirkt Blau auf unsere Sinne, unser Gemüt, unsere Fantasie?
- Blau in der Natur: Gibt es blaue Tiere? Wer entdeckt blaue Blumen?
- Beim Museumsrundgang spüren wir Maler auf, die viel Blau gemalt haben.

Blau ist wie ...

Wir spielen dafür das Ratespiel: »Blau ist wie ...«, damit die Kinder die Farbenvielfalt erleben und sie mit Gefühlen und Erlebnissen verbinden. Die Kinder zählen auf: Blau ist wie der Frühlingshimmel. Blau ist wie der Sommerwind. Blau ist wie Frieden. Blau ist wie angenehme Kühle. Blau ist wie eine Pause. Blau ist wie das Meer, die Nacht, der Rauch, der Dunst, eine Taube, ein Eisvogel, Weintrauben, Pflaumen, Tinte, Jeans oder ein Matrosenpullover.

Wer kann die blaue Farbenvielfalt noch ergänzen?

Ich sehe was, was du nicht siehst, und das ist blau

Der Spielleiter sucht sich mit den Augen einen blauen Gegenstand aus. Das kann ein Kleidungsstück sein, ein Gegenstand im Zimmer, ein Spielzeug, ein Auto auf dem Parkplatz, Sachen aus der Umgebung oder der Natur. Wer den blauen Gegenstand als Erster errät, ist in der nächsten Runde Spielleiter.

Verkehrte Welt

Ist der Schmetterling Bläuling grün?
Nein, der Bläuling ist himmelblau.
Ist der Walfisch rot?
Nein, der Walfisch ist blau.
Ist der Enzian hellgelb?
Nein, der Enzian ist dunkelblau.
Sind Blaubeeren orange?
Nein, Blaubeeren sind tiefblau.

Wer kennt blaue Blumen?

Die Kinder sitzen in einer Reihe oder im Kreis. Der Spielleiter wirft einem nach dem andern den Ball zu. Beim Fangen wird der Name einer blauen Blume gerufen wie: Enzian, Glockenblume, Kornblume, Wegwarte, Scabiosa, Vergissmeinnicht, Stiefmütterchen, Rittersporn, blauer Eisenhut, Akelei, Wiesensalbei, Aster. Wer kennt noch andere blaue Blumen aus der Wiese und dem Garten?

Wer pflückt einen blauen Wiesenblumenstrauß?

Beim nächsten Spaziergang suchen wir einen Wiesenblumenstrauß mit nur blauen Blumen. Wer entdeckt Wiesensalbei, Scabiosen, Katzenäuglein? Wir tragen den blauen Blumenstrauß sorgfältig nach Hause und stellen ihn in die Vase auf den Esstisch, zur Freude der ganzen Familie.

Das blaue Wunder

Wir kleben uns einen eigenen Blumenkatalog oder ein Bild mit blauen Blumen, vielleicht in Herzform oder als Kranz oder Stern. Hübsch wirken etwa Wicken, Gly-

cinien, Hortensien, Lupinen, blaue Glockenblumen und Vergissmeinnicht. »Die
blauen Wunder« finden wir in Zeitschriften, Gartenzeitschriften und Gartenkatalogen. Nach dem Sammeln werden sie
ausgeschnitten und aufgeklebt. »Blaue
Wunderbilder« eignen sich auch hervor-
ragend als Geschenke.

Wer malt den schönsten Himmel?

Wir malen mit Kreide, Farbstift oder Wasserfarbe. Vielleicht geht die Sonne auf
unserem Himmelsbild auf oder unter.
Auch ein Wolkenhimmel kann farblich
schön sein. Ein Regenbogen ziert in seiner ganzen Farbenpracht den Himmel.
Wer malt einen tiefblauen Nachthimmel
mit Mond und Sternen? Wer zeichnet die
Elfe Blau auf einer Wolke oder in ihrem
Wolkenkuckucksheim?

Fluss, See oder Meer?

Heute zeichnen wir eine Wasserland-
schaft. Was schwimmt auf dem silbrig-
blauen Fluss, dem türkisblauen See und
dem tintenschwarzen Meer? Was ist auf,
im und unter dem Wasser zu sehen? Der
Fantasie sind keine Grenzen gesetzt. Vielleicht tauchen schwimmende Kinder auf,

79

grünblaue Nixen, glitzerigblaue Leucht-
fische, im Wasser schwebende Seepferdchen, perlmuttblau schimmernde
Muscheln, Delfine, Segelboote, Untersee-
boote, bläulich rauchende Dampfschiffe,
Enten oder Schwäne ...

Wir suchen blaue Steine

Wir finden sie in Museen, Mineralienbörsen, Steinläden und Schmuckgeschäften.
In alten Zeiten durften nur Könige Edelsteine tragen. Heute könnten alle Leute
Edelsteine tragen, weil sie aber sehr teuer
sind, sind sie nicht für alle erschwinglich.
Darum bewundern wir diese Kostbarkeiten im Schaufenster des Goldschmiedes.
Wir entdecken vielleicht eine Lapislazuli-
halskette und staunen über das Tiefblau
der Steinkugeln und ihre Goldeinschüsse.
Daneben liegen ein Saphirring und Ohr-
ringe aus Aquamarin. Diese Edelsteine
sind durchsichtig. Ihr besonderer Schliff
lässt sie funkeln und glitzern.
Auf den Märkten finden wir wunderschöne preiswerte Halbedelsteine. Sie haben einen Trommelschliff und sehen aus
wie wohlgeformte Kieselsteine. Sie eignen sich zum Spielen und sind Schmuck-
stücke für unsere Schatzschachtel. Besonders geeignet für Kinder sind etwa der
Chalcedon, der Sodalith und der Labradorit.

Bewegte und stille Wasser

Ein blaues, weiches Tuch liegt ausgebrei-
tet am Boden. Die Kinder sitzen im Kreis
darum herum. Sie stellen sich vor, das
Tuch sei Wasser. Jedes erzählt, wie sein
Wasser aussieht. Hier ein paar Anregun-
gen:
• Mein Wasser ist ein stürmisches Meer.
• Mein Wasser ist ein blauer, tiefer
  Ozean.
• Mein Wasser plätschert als Bächlein
  über die Steine.
• Mein Wasser liegt als Pfütze auf der
  Straße.
• Mein Wasser rinnt als Regentropfen
  über die Fensterscheibe.
• Mein Wasser fällt als Wasserfall über
  die Felswand.
• Mein Wasser fließt aus dem Wasser-
  hahn.

Die Erzieherin lässt sich mit Hilfe von Be-
wegungen der Hände und des Körpers
zeigen, wie sich das vom Kind geschil-
derte Wasser bewegt. Anschließend wird
die Bewegung gemeinsam von allen Kindern mit dem blauen Tuch umgesetzt.

Su besucht Neptun, den Herrscher des Meeres

Wissenswertes für die Erzählerin und den Erzähler: Himmel und Meer berühren sich am Horizont. Da ist das Blau noch ganz in der Außenwelt zu sehen. Doch die Kraft dieser Farbe zieht uns hinein in die Innenwelt: die Welt der Bilder, der Fantasie und des Märchens. Etwas von diesem Urgefühl möchte die Geschichte von Sus Besuch bei Neptun, dem Herrscher der Meere, vermitteln.

Su träumte eines Nachts vom Delfinkönig. Er sagte im Traum zu ihr: »Neptun, der Herrscher des Meeres, will dich sehen. Folge mir!« Also setzte sich Su auf seinen Rücken. Er brachte sie über die Luftströme des Himmels und die Flüsse der Erde ans Ufer des Meeres. Am Strand sah Su kleine Wassergeister im Vollmondlicht ihre schleierartigen Kleider waschen. Sie hängten sie zum Trocknen im Schilf auf. Währenddessen versteckten sie sich in den Wasserlilien. Sie streckten ihre Köpfchen aus den Blütenkelchen und beobachteten Su und ihren Reisegefährten, den Delfinkönig, mit großen Augen. Als der Delfinkönig mit seinem Schwanz ins Wasser schlug, teilte sich das Meer und eine türkisblaue Muscheltreppe kam zum Vorschein. Su konnte trockenen Fußes über sie auf den Meeresgrund hinabsteigen. Neugierig betrat sie das zauberhafte Reich von Neptun. Der Herrscher des Meeres wohnte in einem Schloss auf dem Meeresgrund. Der Palast war aus Muscheln und Korallen gebaut. Er stand mitten in einem großen Garten, der voll bunter Meeresblumen war.

Vor dem Eingang des Schlosses standen zwei Fische als Wächter. Sie verneigten sich vor Su und schoben den Perlenvorhang zurück, damit sie durch das Tor eintreten konnte. Drinnen saß Neptun in einem großen Saal auf seinem Thron. Er sah Su an und sprach: »Sei herzlich willkommen in meinem Reich!« Su konnte vor Staunen nicht sprechen. Sie war tief beeindruckt von seiner eigenartigen Schönheit. Neptuns Haut leuchtete bläulich grün. An den Beinen und auf dem Rücken hatte er goldige Schuppen. Seine Haare waren aus Wasserpflanzen. Sie quollen ihm vom Kopf über den Körper hinunter. Aus den Wasserpflanzenhaaren tropfte ständig Wasser. Sein durchsichtiges Kleid war mit Perlen und Muscheln verziert. Um den Leib

trug er einen Glasgürtel. Neptun erklärte Su: »Der Delfinkönig hat mir von seiner Begegnung mit dir im Schweizer Bergsee erzählt. Weil du seit da den Wasserwesen gute Wünsche schickst, habe ich dich eingeladen, mein Reich zu besichtigen. Der Delfinkönig wird dich herumführen und dir alles zeigen. Am Schluss darfst du dir aus meiner Schatzkammer im Korallenwald ein Geschenk mitnehmen.« Su verneigte sich vor Neptun, dem Herrscher des Meeres, und ging rückwärts aus dem Palast.

Der Delfinkönig führte Su als Erstes zum Lotusblütenteich. Der lag mitten im Schlossgarten und strahlte in herrlicher Pracht. Hunderte von zartfarbigen Lotusblüten leuchteten als Blumen des Lichtes auf dem Wasser. Auf ihren großen, grünen schwimmenden Blättern lagen kleine Babys. Sie schaukelten sanft in ihren Lotusblätterwiegen. Sie spielten mit ihren Fingerchen, lutschten an den Zehen und lächelten glücklich vor sich hin.

Rund um den Teich saßen Meerjungfrauen auf den Felsen. Sie waren jung und wunderschön anzusehen. Ihre Augen glänzten smaragdgrün. Ihr Oberkörper sah aus wie der von Menschenkindern. Unten hatten sie statt Beine einen Fischschwanz, der mit Gold und Silberschuppen verziert war. Einige kämmten sich ihr langes Haar mit Kämmen aus Muscheln. Andere spielten Harfe und sangen wundersame Lieder für die Babys im Teich: »La la luuh, la la luuh, la la luhh!«

Darauf fassten regenbogenfarbig schillernde Nixen Su an den Händen und tanzten einen Reigen mit ihr. Ein Schwarm Feuerfische beleuchtete die Tanzenden. Für einen kurzen Moment waren die Unterwasserwelt und ihre Tänzerinnen von farbigem Licht umflutet.

Nach dem Reigen mit den Nixen führte der Delfinkönig Su zum runden Ziehbrunnen. Auf seinem Grund hauste die alte, weise Brunnenfrau. Sie be-

wacht bis auf den heutigen Tag die Quelle des heiligen Wassers und spinnt den goldenen Lebensfaden. Man erzählt sich im Reich von Neptun, wer von diesem Wasser trinke, bliebe ewig jung. Die Meerjungfrauen hätten davon getrunken, darum sähen sie so schön aus und seien in hunderten von Jahren keinen Tag gealtert.

Der Weg führte am Ziehbrunnen vorbei, auf die Rückseite des Schlosses. Hier weideten die dicken, alten Meerkühe. Sie verschlangen Seegras, Algen und Tang. »Wenn sie muhen«, sagte der Delfinkönig, »hören die Menschenkinder auf der Erde das Brüllen der See.«

Hinter der Weide glänzte der Korallenwald rot, weiß und schwarz. Zwischen den Ästen der Korallenbäume spielten kleine Fischschwärme, und ganz oben in den roten Zweigen hatten sich stachlige Seeigel eingenistet. Der Korallenwald ist Neptuns Schatzkammer. Auf dem Meeresgrund, zwischen den Korallenbäumen, hat er seine Muschelschatztruhe versteckt. Der Delfinkönig öffnete sie für Su. »Hei, wie die Kostbarkeiten glänzen!«, rief Su und wählte sich zur Erinnerung an diesen Traum eine weiß schimmernde Perlenkette aus. Sie hängte sie um den Hals und war sehr stolz auf dieses Geschenk von Neptun, dem Herrscher des Meeres.

Nun fragten die Wellenpferdchen: »Su, willst du mit uns zum Abschluss über das Wasser reiten?« Natürlich wollte sie das. Ein schwarzes Seepferdchen mit einem weißen Schaumkrönchen nahm sie mit. Neben ihr jagten blaue, grüne und weiße Wellenpferdchen mit der Brandung um die Wette. Sie tauchten auf, sprangen in die Höhe und verschwanden wieder im Meer. Alle hatten großen Spaß am ausgelassenen Wassertreiben. Mit diesem Wellenritt neigte sich der Besuch von Su in Neptuns Reich dem Ende entgegen.

Der Delfinkönig begleitete das Mädchen Su an den Meeresstrand zurück. Sie kamen am Waschplatz der kleinen Wassergeister, bei den Wasserlilien, vorbei. Hier nahm der Delfinkönig Su wieder auf seinen Rücken und brachte sie über die Luftströme des Himmels und die Flüsse der Erde zurück in ihr Bett. Der Traum war zu Ende und Su wachte auf mit der Perlenkette in der Hand. Sie hat die Bilder aus Neptuns Reich ihr Leben lang nie vergessen.

Spielanregungen:

- Wir können diese Geschichte auch als Fantasiereise erzählen und erleben.
- Mit kleinen Spielfiguren aus dem Puppenhaus, dem Zoo oder dem Stall wird die Geschichte nachgespielt, dargestellt und gebaut. Ein blaues Tuch stellt das Meer dar. Es wird mit Legematerial wie Muscheln, Glassteinen und Halsketten verziert. Wer baut das schönste Schloss für Neptun, den Herrscher der Meere?
- Wer Lust hat, zeichnet oder malt ein Bild von Su und dem Delfinkönig, von Neptun in seinem Schloss, den Meerkühen, vom Lotusteich mit den Babys oder dem Wellenritt von Su mit den Wasserpferdchen.
- Wir nehmen ein Nixenbad: Wir legen auf den Rand der Badewanne in alle vier Ecken je einen Kristall. Ins Wasser geben wir eine Prise Meersalz. Dann zünden wir eine Kerze an und legen uns in die Badewanne. Jetzt träumen wir von den Nixen in Neptuns Garten.
- Wenn wir das nächste Mal auf einer Brücke stehen, stellen wir uns mit dem Gesicht in Richtung des fließenden Bachs an das Geländer. Wir lassen das Wasser in unserer Vorstellung vom Rücken her durch uns hindurchfließen. Wie fühlt sich das fließende Wasser des imaginären Flusses an?
- Wir hören gemeinsam Teile einer Wassermusik von bekannten Komponisten. Inspirierend für Kinder sind zum Beispiel »Die Wassermusik« von Händel, »Die Moldau« von Smetana oder »Das Lied der Meere« von Thomas Eichenbrenner.
- Die Kinder spielen mit Rhythmikinstrumenten eine Wassermusik.
- Wir schauen uns in einem Fotobildband farbige Unterwasserbilder an. Was es da nicht alles gibt: Seesterne, leuchtende Fische, Korallen, Quallen, Seeigel, Seeanemonen, Muscheln, Schnecken, Seegräser und Grünalgen.
- Wir bemalen die Fenster mit Figuren aus Neptuns Reich.
- Wir tanzen mit Bändern in den Farben des Wassers einen Nixentanz.
- Wir basteln mit bunten Glasperlen, Muscheln und farbigem Papier Neptunhalsketten.

Die Regenelefanten

Nach einer indischen Legende

Wissenswertes für die Erzählerin und den Erzähler: In dieser Geschichte machen wir die Kinder mit einer alten indischen Regenlegende bekannt. Sie erzählt uns, warum die Monsunzeit so wichtig ist. Der Regen schützt die heißen Länder vor Dürre und Hungersnot.

Su fliegt heute mit ihrem Bärenfellteppich ins Blaue. Der Wind pfeift ihr um die Ohren. Sie hat die Augen geschlossen und fragt sich: Wo mag die Fahrt ins Blaue wohl enden? »Anhalten, landen!«, krächzte ihr eine Stimme ins Ohr. Su öffnet die Augen und sieht einem Pfau direkt ins Gesicht. Er trägt ein Federkrönchen auf dem Kopf, das blaugrün schimmert. »Anhalten, landen! Wir sind in Indien. Großmutter erwartet dich, sie will dir eine Geschichte erzählen«, singt er in Pfauensprache. Bevor Su weiß, wie ihr geschieht, ist sie im Innenhof eines indischen Hauses, im Land der Düfte und Farben gelandet. Großmutter sitzt da auf dem Steinboden im Schatten einer

Palme. Sie trägt einen bunten Sari und hat sich den Haarknoten mit Jasminblüten geschmückt. Sie legt zum Gruß die Handinnenflächen aneinander und verbeugt sich leicht. Su und der Pfau setzen sich neben sie und lauschen der Geschichte aus alter, alter Zeit. Großmutter erzählt den beiden: »Jedes Jahr in der Monsunzeit, wenn der große Regen kommt, erzählen die Großmütter in Indien ihren Enkelkindern die Geschichte von den Regenelefanten. Vor vielen, vielen Jahren, in dem wunderbaren Zeitalter, als der Himmel noch ein Milchmeer war, löste sich aus dem flockigen Weiß ein Elefant. Seine Haut war ganz hell und hatte rosige Flecken. Er konnte fliegen, genauso wie später seine acht Nachkommen. Diese Urelefantenfamilie schwebte frei durch den Himmel, wie Wolken. Sie hatten die Gabe, himmlische Milch aus sich strömen zu lassen. Daraus entstand der wohltätige, große Regen in der Monsunzeit. Wir brauchen ihn hier in Indien dringend

zum Leben. Ohne die Regenmilch der Himmelselefanten können unsere Pflanzen nicht wachsen. Dann droht uns Trockenheit, Ausfall der Ernte und eine große Hungersnot. Darum danken wir den Regenelefanten, wenn sie in der Luft erscheinen und uns das himmlische Nass bringen.

Die Regenelefanten vom himmlischen Milchmeer vermehrten sich vor vielen, vielen Jahren. Ein Teil der Elefantenherde ist später auf die Erde ausgewandert, dabei verloren sie ihre Flügel und damit auch die Kunst des Fliegens. Heute stapfen sie mit ihren vier Beinen durch die Welt und trompeten mit ihren Rüsseln Lieder ins Blau des Himmels. Beim Baden, und wenn sie sich mit Wasser überduschen, träumen sie von ihren Verwandten im Himmel, die frei herumschweben und Regenmilch zur Nahrung der Pflanzen und zum Segen der Menschen herunterströmen lassen!«

Leider musste Su nach der Geschichte sofort wieder nach Hause fliegen. Sie legte die Handinnenflächen aneinander und verbeugte sich zum Dank vor der Großmutter. Der Pfau begleitete sie noch eine Weile auf ihrem Heimflug. Als Regenwolken auftauchten, die aussahen wie die fliegenden Regenelefanten, kehrte er schleunigst um. Su glaubt bis heute, dass es diese Regenelefanten gibt, denn sie hat sie kurz gesehen.

Spielanregungen:

- *Wir schließen die Augen und stellen uns vor, wir reiten auf einem Wolkenelefant. Der Elefant breitet seine Flügel aus und schwebt mit uns durch die Luft. Heute hat er Zeit für uns, denn die Sonne scheint, der Himmel ist blau und er muss keine Regenmilch transportieren. Wie sieht die Welt von oben aus? Nach der weichen Landung erzählen wir, was wir gesehen haben, und halten es in einer Zeichnung fest.*

- *Wir schauen uns einen Pfau genau an. Wer entdeckt die Pfauenaugen auf seinen Schwanzfedern?*

- *Wir zeigen den Kindern Bilder aus Indien mit Frauen, die bunte Saris mit reich verzierten Mustern tragen. Schön wäre, wenn wir den Kindern einen echten Sari zeigen könnten.*

Die blaue Verkehrsampel

Modernes Märchen von Gianni Rodari

Die Verkehrsampel, die am Domplatz in Mailand steht, leistete sich einmal einen schönen Streich. Alle ihre Lichter, alle, färbten sich plötzlich blau – und die Leute wussten nicht mehr, was sie tun sollten. »Sollen wir über die Straße gehen, oder sollen wir nicht über die Straße gehen?« »Bleiben wir stehen, oder bleiben wir nicht stehen?« Und aus all den vielen Augen der Ampel, nach allen Richtungen, strahlte ›Blau‹. Ein ungewöhnliches Blau, ein noch nie da gewesenes Blau, ein Blau, so blau, wie es der Mailänder Himmel gar nicht kennt. Die Leute in ihren Autos drückten auf die Hupen und machten einen fürchterlichen Lärm, sie konnten nicht begreifen, was vor sich ging. Die Motorradfahrer traten immer wieder auf ihre Anlasser, und die dicksten Fußgänger brüllten: »Sie!! Wissen Sie, wer ich bin?!« Die Witzbolde lachten: »Das grüne Licht hat der Landwirtschaftsminister gestohlen, damit baut er sich jetzt ein Haus auf dem Land.« »Das rote Licht haben sie stibitzt, um die Fische im Anlageteich aufzufärben.« »Und mit dem Gelb? Wisst ihr, was sie damit machen? Damit verlängern sie das Olivenöl.« Endlich kam ein Polizist mitten auf die Straßenkreuzung und regelte den Verkehr. Ein Mann suchte die Schalttafel der Ampel, um den Schaden zu reparieren, und stellte den Strom ab. Aber bevor sie erlosch, hatte die blaue Ampel gerade noch Zeit zu denken: Die Armen! Ich hatte doch STRASSE FREI ZUM HIMMEL gezeigt. Wenn sie mich verstanden hätten, könnten jetzt alle fliegen. Ob den Leuten einfach der Mut dazu gefehlt hat?

Spielanregungen:

- *Schließt die Augen und stellt euch vor, ihr könnt fliegen! Was ist das für ein Gefühl? Wo möchtet ihr hinfliegen? Was seht ihr unter euch? Wer Lust hat, zeichnet, was er aus der Vogelperspektive gesehen hat.*
- *Was passiert, wenn die blaue Verkehrsampel in Paris oder New York steht?*

GELB IST WIE DIE SONNE

Sprichwörter und Redewendungen zum Thema

Wissenswertes für die Erzählerin und den Erzähler: Su und Zwick führen Sie und die Kinder mit dieser Geschichte in das Reich der Farbe Gelb. Sie können gemeinsam das Wesen dieser Farbe erleben, fühlen und in Aktivitäten umsetzen. Von den Sprichwörtern und Redewendungen werden jeweils nur so viele weitergegeben, wie die kleinen Zuhörer verkraften können.

An einem sonnigen Frühlingstag im Mai sitzen Su und der Giftzwerg Zwick in der Wiese hinter dem Haus. Sie ist über und über voll mit blühendem Löwenzahn. »Hei, das sieht ja aus wie ein leuchtender Goldteppich!«, ruft Su begeistert. Zwick klatscht in die Hände: »Das sonnige Gelb der Löwenzahnblüten leuchtet genau wie dein goldblondes Haar!« Der Kleine singt für Su voll Begeisterung:

> »Gelb, gelb, gelb sind alle meine Kleider,
> gelb, gelb, gelb ist alles, was ich hab.
> Darum lieb ich alles, was so gelb ist,
> weil die Su ein Goldschatz ist.«

Beide strecken ihre Nase ins Blütengelb und schnuppern den Honigduft des Löwenzahns. Sie hören die Bienen summen. Auf einmal scheinen viele Elfen über den leuchtend gelben Blüten zu tanzen. Sie tragen alle sonnige

Kleider. Es herrscht ein fröhliches Treiben. Sie singen, tanzen, malen. Sie bringen den Löwenzahnblumen die goldene Farbe und den süßen Duft. Eine gelbe Elfe löst sich aus der Gruppe und kitzelt Su und den Zwick an der Nase. »Ich bin die Farbelfe Gelb«, kichert sie. »Anscheinend nascht ihr auch am Blütenstaub, eure Rüssel sind ganz gelb!« Der Giftzwerg meint beleidigt: »Das sind nicht Rüssel, das sind unsere Nasen!« So ergibt ein Wort das andere. Sie kommen ins Gespräch, und die gelbe Elfe erzählt ihnen viel über ihre Farbe. Sie schwärmt: »Meine Lieblingsfarben sind Honiggelb, Maisgelb, Zitronengelb, Löwenzahngelb und Sonnenblumengelb.« Su möchte noch mehr über die Farbe Gelb wissen und die gelbe Elfe berichtet: »Der Frühling ist unsere liebste Zeit. Wir malen in unserer Freude die ersten Frühlingsblumen fast alle gelb an. Kennt ihr die Schlüsselblumen, Osterglocken, Forsythien, Trollblumen und die gelben Krokusse?« Beide nicken. Die gelbe Elfe lächelt: »Gelb ist aber noch viel mehr!«, und erzählt:

* Gelb ist Licht und Freude.
* Gelb ist schwerelos und lächelt.
* Gelb ist Wärme und Sommer.
* Gelb ist die Farbe der Weisheit.
* Gelb ist wie ein Goldstück.
* Gelb kennt das Land, wo die Zitronen blühen und die Sonne wohnt.

* Gelb strahlt wie die Sonne.
* Morgenstund hat Gold im Mund.
* Jetzt geht mir ein Licht auf.
* Safran macht den Kuchen gel.
* Das ist nicht das Gelbe vom Ei.
* Manche werden gelb vor Neid.
* Andere ärgern sich gelb und grün.

Zum Abschied holt die gelbe Elfe den Elfenchor. Sie singen für Su und Zwick:

>»Löwenzahn im Blättergrün,
>Blütengold im Sonnenglühn!«

Zwick beendet das gelbe Treffen mit einem spontanen Giftzwerglied:

>»Safran macht den Kuchen gel,
>nicht etwa das Gelbe vom Ei-ei-ei!
>Wenn ich so richtig ärgerlich bin,
>dann werde ich gel-gel-gel!
>Wenn ich so richtig neidisch bin,
>dann werde ich gel-gel-gel!
>Und das ist nicht das Gelbe vom Ei!«

Der Giftzwerg Zwick winkt, dreht sich auf dem Absatz um und ist in der Wiese verschwunden.

Kinder entdecken die Farbe Gelb

Wir strahlen mit Gelb

Heute tauchen wir ein in das strahlende, leuchtende Gelb. Es ist wie die Sonne. Wir spüren, wie es sich ausdehnt. Alles, was Gelb berührt, wird licht und hell und warm. Wir spüren, Gelb ist Licht und Freude. Wir erleben das Gelb in den Frühlingsblumen und in der Hitze des Sommers. Die Sonne ist nicht nur zärtlich, sie kann auch stechen und brennen. Wir entdecken das Gelb in Geschichten, Bilderbüchern, Gedichten, Liedern und Tänzen.

- Wir besprechen mit den Kindern Redewendungen zum Thema Gelb.
- Wer kann Sprichwörter zum Thema Gelb pantomimisch darstellen?
- Wir malen große Flächen gelb und spüren, wie sie auf unsere Sinne, unser Gemüt und unsere Fantasie wirken.
- Wir tanzen mit farbigen Bändern einen Sonnentanz.
- Wir backen einen saftigen Zitronenkuchen.
- Wir mixen uns eine herrliche Bananenmilch und trinken Zitronenwasser.
- Wir sammeln gelbe Schätze zum Fühlen, Bestaunen und Spielen.
- Am gelben Tag tragen wir gelbe Kleider und verwenden gelbe Gegenstände.
- Wir hören Geschichten zum Thema Gelb und Gold und spielen sie nach.
- Was gibt es Gelbes zu essen? Und wie schmeckt es?
- Wir malen und experimentieren mit gelber Farbe und farbigen Tüchern.
- Gibt es gelbe Tiere und wo leben sie?
- Wir suchen bei unserem Museumsrundgang verschiedene Gelbtöne.
- Wer findet Figuren mit goldenem Heiligenschein?
- Wir spielen »Ich packe meinen Rucksack« nur mit gelben Gegenständen!

Gelb ist wie …

Wir spielen dafür das Ratespiel: »Gelb ist wie ...«, damit die Kinder die Farbenvielfalt erleben und sie mit Gefühlen und Erlebnissen verbinden. Die Kinder zählen auf: »Gelb ist wie die Morgensonne. Gelb ist wie Löwenzahn. Gelb ist wie Honig. Gelb ist wie der Wüstensand. Gelb ist wie Stroh. Gelb ist wie Kanarienvögel. Gelb ist wie Entenküken. Gelb ist wie eine Goldkette. Gelb ist wie eine Zitrone. Gelb ist wie Senf. Gelb ist wie der Dotter vom Ei. Gelb ist wie Getreidefelder, Bernstein, Vanilleeis, wie das Postauto oder wie ein Heiligenschein.«

Wer kann die gelbe Farbenvielfalt noch ergänzen?

Ich sehe was, was du nicht siehst, und das ist gelb

Das Gelbratespiel eignet sich nicht nur für Innenräume, sondern auch für den Garten oder Park, die Wiese und Museen. Der Spielleiter sucht sich mit den Augen einen gelben Gegenstand aus. Das kann ein Kleidungsstück sein, ein Gegenstand im Zimmer, ein Spielzeug, eine Blume oder eine Farbe auf einem Bild. Wer den gelben Gegenstand als Erster errät, ist in der nächsten Runde Spielleiter.

94

Verkehrte Welt

Ist die Zitrone blau?
Nein, die Zitrone ist gelb.
Ist der Löwenzahn lila?
Nein, er ist leuchtend gelb.
Ist die Banane rot?
Nein, sie ist gelb.
Sind die Maiskörner pink?
Nein, sie sind gelb.
Ist der Löwe schwarz?
Nein, er ist gelb.

Wer kennt gelbe Blumen?

Die Kinder sitzen in einer Reihe oder im Kreis. Der Spielleiter wirft einem nach dem andern den Ball zu. Beim Fangen wird der Name einer gelben Blume gerufen wie: Löwenzahn, Ginster, Schafgarbe, Sonnenblume, Nachtkerze, Goldregen, gelbe Lupine, Teerose, gelbe Dahlie, gelbe Stiefmütterchen, Sonnenhut, Tagetes. Wer kennt noch andere gelbe Blumen aus der Wiese und dem Garten?

Wir pflücken einen gelben Frühlingsstrauß

Diesen Frühling holen wir Blumen mit viel Sonnengelb ins Zimmer. Sie sagen uns,

die dunkle Winterzeit ist vorbei. Das Licht und die Sonne kehren zurück, die Natur erwacht zu neuem Leben. Wir pflücken im Garten einen Frühlingsstrauß mit Osterglocken, Schlüsselblumen, Forsythien und gelben Tulpen. In einem kleinen Väschen sehen auch Trollblumen, Winterlinge oder Primeln hübsch aus.

Das gelbe Wunder: Früchte und Gemüse

Wir kleben uns ein eigenes Heft oder ein Bild mit gelben Früchten und Gemüsen. »Die gelben Wunder« finden wir in Zeitschriften, Gartenzeitschriften und Gartenkatalogen. Nach dem Sammeln werden sie ausgeschnitten und aufgeklebt. Wir suchen nach Mais, gelben Zucchini, gelben Peperoni, Bananen, Honigmelonen, Mirabellen, Zitronen, Quitten, Birnen. Aber auch ein gelbes Rapsfeld oder ein Getreidefeld vor der Ernte eignet sich gut, um eine Collage zu kleben.

Wer malt ein Bild aus Gelb und Gold?

Vielleicht ist eine Königin mit goldgelbem Mantel und goldiger Krone darauf zu sehen? Wer malt ein Ährenfeld, Zitronenbäume oder eine Wiese mit Löwenzahn? Wer zaubert Sonne, Mond und Sterne aufs Papier?

Löwe oder Zitronenfalter?

Wer kennt gelbe Tiere? Und wo hat er sie gesehen? Im Zoo, auf Blumen, im Vogelkäfig oder im Hühnerhof? Wer malt einen gelben Tiger mit schwarzen Streifen? Einen gelben Gepard mit schwarzen Tupfen? Wer malt eine Henne mit ihren Küken? Wer malt Nachbars Hund, den Goldenretriever? Wer malt einen Zitronenfalter oder einen Löwen? Wer malt einen schwarzgelben Feuersalamander?

Wir suchen gelbe Steine

Wir finden sie in Steinläden, auf Märkten und an Mineralienbörsen. Für Kinder eignen sich besonders gut folgende Halbedelsteine: honiggelber Bernstein, zitronengelber Zitrin, goldgelbes Tigerauge, gelber Karneol, goldfarbig glänzender Pyrit sowie Rutilquarz, der transparente Stein mit den eingeschlossenen Goldfäden.

Fantasiereise: Sonnenblume

Wir legen uns auf eine Decke, werden alle leise und atmen ruhig ein und aus. Wir sind entspannt und haben die Augen geschlossen. Wir hören der Fantasiereise ruhig zu:

»Die Sonne scheint uns auf den Körper. Ein blauer Himmel wölbt sich über uns. Wohlige Wärme durchfließt uns von den Füßen bis zum Kopf. In unserer Fantasie halten wir nun einen Sonnenblumenkern in unseren Händen. Wir legen ihn in die Erde. Wir spüren, wie der Sonnenblumenkern zu keimen und zu wachsen beginnt. Er schiebt die ersten Blätter durch die Erdoberfläche. Die Sonne bescheint ihn, Regen fällt darauf, und das Pflänzchen wächst und wächst, bis es so groß ist wie ein erwachsener Mensch. Die großen Blumen strahlen wie die Sonne. Darum heißen sie Sonnenblumen. Wir räkeln und strecken uns und öffnen die Augen. Wer will, kann seine Sonnenblume zeichnen.«

Der Löwe und die Maus

Nach einer Fabel

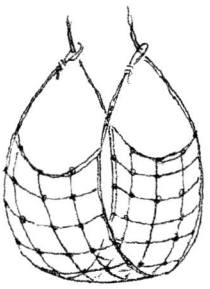

Wissenswertes für die Erzählerin und den Erzähler: Diese Fabel zeigt auf, dass keiner zu klein ist, um Helfer zu sein.

Der Löwe, der König der Tiere, schläft und schnarcht im heißen Afrika. Da kommt eine singende Maus vorbei und tritt dem Löwen versehentlich auf den Schwanz. Der Löwenkönig brüllt: »Wer hat mich aufgeweckt? Wer steht da auf meinem Schwanz? Den fress ich auf!« Die Maus wispert erschrocken: »Ach, Herr Löwe, bitte fressen Sie mich nicht! Sie sind so groß und stark. Ich habe gar nicht gemerkt, dass das Ihr Schwanz ist.« »Wirklich«, brummt der Löwe, »das kann ja jeder sagen.« Die Maus bettelt: »Herr Löwe, wenn Sie mir helfen und mich laufen lassen, dann helfe ich Ihnen eines Tages auch.« Der Löwe lacht: »Ha! Ha! Ho! Ho! Wie kann eine winzige Maus wie du, mir, dem großen Löwen, helfen? Aber ich mag es, wie du sprichst. Ich lass dich laufen.« »O danke, vielen Dank!«, piepst die Maus und rennt wie der Blitz weg. Der Löwenkönig schüttelt seine Mähne und denkt: »Was für eine merkwürdige kleine Maus!« Er erhebt sich und geht spazieren. Er übersieht auf seinem Weg die Falle mit dem Löwennetz. Er tritt versehentlich mit dem Fuß hinein. Er hat sich im Netz verfangen und kommt nicht frei. Der König der Tiere brüllt: »Hilfe! Hilfe!« Die Maus kommt herbeigerannt und fragt: »Was ist denn los?« Der Löwe jammert: »Schau mich an! Mein Fuß sitzt fest in diesem Netz. Die Menschen haben mich gefangen.

Wenn ich nicht herauskomme, bringen sie mich um.« »Ich will Ihnen helfen«, sagt die Maus. Der Löwe kann das nicht glauben: »Maus, du bist doch zu klein, um mir zu helfen!« Flink beginnt die Maus am Netz zu nagen, sie nagt und nagt, bis ein Loch entsteht. Erfreut ruft der Löwe: »Ich kann meinen Fuß bewegen!« Die Maus nagt weiter, bis der Löwe, der König der Tiere, frei ist. Er ruft: »Ich bin frei! Ich bin frei! Oh, kleine Maus, ich danke dir!« Die Maus meint bescheiden: »Sie brauchen mir nicht zu danken, Herr König. Ich konnte Ihnen doch nur helfen, weil Sie mich nicht gefressen haben. Jetzt sind wir Freunde geworden!«

Spielanregungen:

- *Wir spielen die Geschichte als Rollenspiel oder als Puppentheater oder wir zeichnen sie.*
- *Wer möchte den Löwen darstellen und wer die Maus? Wir malen den Kindern Löwenmasken und Mausgesichter mit Schminkfarbe direkt aufs Gesicht.*

Als das Küken einmal allein war

Nacherzählt nach einem russischen Puppenspiel

Wissenswertes für die Erzählerin und den Erzähler: Diese kleine Alltagsgeschichte vom gelben Küken und der bunten Henne eignet sich sehr gut als Rollenspiel oder als Papiertheater. Wir brauchen ein gelbes Küken, eine bunte Henne, einen Wurm, der sich kringelt, einen fauchenden Kater, einen stolzen Hahn, eine Pfütze und einen Frosch.

Ein winzig kleines Küken glaubte, sehr groß zu sein. *Hier ist es, es zeigt sich.*
Als es über den Hof spazierte, tat es sich ganz wichtig und reckte den Kopf in die Höhe. *Seht, so!*
Die Mutter des Kükens hieß die »Bunte Henne«. *Sie sah so aus.*
Sie liebte das Küken sehr und gab ihm Würmer zu fressen. *Das sind die Würmer.*
Da kam plötzlich ein böser Kater. Er fauchte und verjagte die bunte Henne. *Das hat er so gemacht.*
Da war die bunte Henne verschwunden und das Küken blieb allein zurück. Es beobachtete, wie der Hahn sich plusterte. *Und so sah der aus.*

Er reckte seinen Hals und krähte aus voller Kehle: »Ki-ke-ri-kii!« Er schaute sich gewichtig nach allen Seiten um. »Bin ich nicht wunderbar, bin ich nicht ein prächtiger Hahn!«

Das gefiel dem Küken sehr. Es reckte ebenfalls seinen Hals. Aus vollem Halse piepste es: »Pi-pi-pip-pi! Ich bin auch wunderschön. Ich bin ein prächtiges Küken!« Doch es stolperte und fiel in eine Pfütze. *So sieht unsere Pfütze aus mit dem Grasfrosch.*

In der Pfütze saß ein Grasfrosch. Er sah das Küken und fing an zu lachen: »Ha-ha-ha! Ha-ha-ha! Es dauert noch lange, bis aus dir, du Küken, ein Hahn wird!«

Da kehrte die Mutter zurück, liebkoste das Küken, und beider Freude war groß.

Spielanregungen:

- *Wir erzählen die Geschichte »Als das Küken einmal allein war« langsam und deutlich. So haben die Kinder genügend Zeit, dazu die Geschichte pantomimisch darzustellen. Sie entdecken die einzelnen Figuren mit dem ganzen Körper, fühlen sich ein und ahmen ihre Sprache nach: Wie trippelt ein Küken über den Hühnerhof? Wie piepst es? Wie bewegt sich die Henne? Wie scharrt sie im Sand? Wie gackert sie? Wie stolziert ein Hahn daher? Wie plustert er sich auf? Wie kräht er? Wie sitzt ein Grasfrosch in der Pfütze? Wie hüpft er und wie quakt er? Für die Kinder ist es wichtig, dass sie mit der Zeit jede Figur einmal spielen dürfen.*
- *Für das Papiertheater zeichnen die Kinder jede Figur einzeln und stellen sie zur Geschichte auf.*

Die Maismutter

Nach einem Indianermärchen

Wissenswertes für die Erzählerin und den Erzähler: Für die Kinder unserer weit ge-
wordenen Welt liegt in den Märchen ein Schlüssel zum Verständnis der Länder und
Völker. Kein Reisebuch vermag mehr von der Eigenart der Menschen zu berichten und
von der Landschaft, in der sie leben, als diese Geschichten. Hier erzählt ein Indianer,
wie der für sie so wichtige Mais zu ihnen gekommen ist.

In der letzten Vollmondnacht flog Su mit ihrem Bärenfell über das große
Wasser in das weite Land der Indianer. Sie landete neben einem großen
Feuer, um das herum alle im Kreise saßen. Sie sangen alte Lieder und Wei-
sen zu Trommelklang. Als der Vollmond leuchtend am Himmel stand, be-
gann der alte, weise Häuptling die Geschichte der Maismutter zu erzählen,
die vom Himmel herunterkam, als alte Frau verkleidet, und den Menschen
den überlebenswichtigen Mais brachte. Er begann zu erzählen:
»Kurz nachdem die Welt erschaffen war, lebten die Indianer in einfachen
Hütten, zogen im Lande umher und suchten mühsam ihre Nahrung. Eines
Tages tauchte in einem Lager am Ufer eines Flusses eine alte Frau auf. Die
Männer waren auf der Jagd, und die meisten Frauen sammelten am Fluss-
ufer Wurzeln und Wildgemüse. Nur ein paar Kinder waren im Lager geblieben, um das Feuer zu unterhalten. Als sie das alte Weib sahen, sagten sie zu
ihr: »Hier ist kein Platz für dich. Wir haben nichts zu verschenken, gehe
weiter!« Ohne Worte zog die Alte fort und war bald im Walde verschwunden. Im nächsten Lager erging es ihr nicht anders, auch hier wollte man
nichts von ihr wissen. Im dritten Lager sah man sie mit Verachtung an.
Schließlich kam sie an ein Lager, das nur aus ein paar Reisighütten bestand.
Als die Alte schüchtern um Nahrung und einen Platz am Feuer bat, sagten
die Frauen: »Komm her, Alte, hier bei uns ist Platz genug, und etwas zu essen wird sich auch noch finden lassen.« Nachdem die alte Frau gegessen
hatte, ließen sie sie am Feuer schlafen, denn dort war der beste Platz.
Am nächsten Morgen zogen die Männer wie gewöhnlich hinaus in den

Wald, um Hirsche zu jagen, während die Frauen Wurzeln und Beeren suchten. Der alten Frau vertrauten sie das Lager an, damit sie das Feuer nicht ausgehen lasse und auf die Kinder ein Auge habe. Niemand kannte die Alte, doch vertraute ihr jeder. Was niemand wusste, die alte Frau war die Maismutter selbst, die in dieser unscheinbaren Gestalt auf die Erde gekommen war. Als die Männer und Frauen gegen Abend zurückkehrten, erklärten die Kinder, dass sie bereits gegessen hätten. Voller Erstaunen hörten die Erwachsenen: »Die alte Frau hat für uns alle zu essen gehabt! Und ihr Essen schmeckt besser als die Wurzeln und Beeren, die wir sonst bekommen.« Da sagte der Älteste zu den Kindern: »Sagt der Alten, dass sie mir etwas von ihrem Essen aufheben soll!« Aber auch er musste am nächsten Abend zugeben, dass der Brei besser schmeckte als alles, was er bisher gekostet hatte. Vergeblich bemühte er sich, hinter das Geheimnis der alten Frau zu kommen.

Eines Tages war die Alte verschwunden, ebenso plötzlich wie sie erschienen war. Niemand hatte sie fortgehen sehen. Einer der jungen Indianer jedoch konnte den Geschmack des seltsamen Mahles, das die Alte gekocht hatte, nicht vergessen. Er beschloss auf die Suche nach der alten Frau zu gehen. Lange wanderte er im Lande umher. Aber in keinem Lager wusste man von der alten Frau. Als er eines Abends entmutigt allein am Feuer saß, übermannte ihn der Schlaf. Als er aufwachte, stand vor ihm eine alte Frau mit langem, weißem Haar. Der junge Mann erschrak. Erst als die Alte näher ans Feuer trat, erkannte er die Langgesuchte. Freudig begrüßte er sie und flehte sie an, doch mit ihm zurückzukehren. Die Alte sprach: »Ich kann nicht bei dir bleiben, doch wenn du meinen Rat befolgst und tust, was ich dir auftrage, wirst du mich nie vermissen.«

Darauf führte sie den jungen Indianer an eine Stelle am Fluss. Hier stand das gelbe vorjährige Gras hüfthoch. »Lege Feuer an und brenne das Gras ab«, befahl sie, »frage nicht nach dem Grunde, du wirst schon sehen.« Er tat ihr den Gefallen und legte den Feuerbrand. Bald stoben die Funken himmelhoch, das Feuer fraß sich durch die Lichtung, bald war nur noch die Asche übrig. Da sprach die Alte: »Nimm mich bei den Haaren und schleife mich kreuz und quer über die verbrannte Erde. Überall dort, wohin du mich schleifst, wird neues Gras aus dem Boden schießen; zwischen den Blättern aber wirst du mein Haar hervorschauen sehen. Wenn das der Fall ist, dann ist der Samen reif. Das ist das Geheimnis der Speise, deretwegen du so weit gewandert bist.«

Er machte sich sogleich an die Arbeit und schleppte die Alte an den Haaren über die Lichtung. Kreuz und quer ging der Weg, bis auch nicht ein Stückchen des Bodens unberührt geblieben war. Kaum hatte er seine Arbeit beendet, da war die Frau aus seinen Händen verschwunden. Langsam ging er zum Feuer zurück und überdachte das Erlebnis. Als der Indianer am nächsten Morgen wieder auf die Lichtung trat, stand dort ein seltsames Gras, das ihm bis über den Kopf reichte. Überall zwischen den Blättern aber sah er ein Stückchen von dem Haar der alten Frau. Bis zum heutigen Tag tragen die Maiskolben am oberen Ende einen Haarschopf, und die Indianer wissen, dass die Maismutter sie nicht vergessen hat.«

Als der Morgen heraufdämmerte, beendete der alte, weise Häuptling seine Geschichte. Su verabschiedete sich und flog mit ihrem Bärenfell aus dem weiten Land der Indianer über das große Wasser zurück nach Hause. Am nächsten Tag besuchte sie ein Maisfeld, und siehe da, aus allen Maiskolben schaute oben ein Zipfelchen Haar heraus. Es war das Haar der verschwundenen Maismutter.

Spielanregungen:

- *Wir besuchen mit den Kindern ein Maisfeld und suchen nach den Haarbüscheln der Maismutter.*
- *Wir basteln aus den Maisblättern oder den Maiskolben Figuren, die aussehen wie die Maismutter.*
- *Wir setzen uns an den Rand eines Maisfeldes, schließen die Augen und hören zu, wie der Wind mit den mannshohen Maishalmen spielt.*
- *Wir spielen mit Rasseln und Trommeln Indianermusik und singen dazu selbst erfundene Lieder in Silbensprache wie: Hau hau wie – wo, wo wuu!*
- *Wir basteln Indianerkopfschmuck mit Federn und Halsketten.*
- *Wir verkleiden uns als Indianer und spielen das Indianermärchen von der Maismutter nach.*
- *Wir kaufen mit den Kindern beim Bauern oder auf dem Markt Maiskolben ein, kochen diese und essen sie gemeinsam.*
- *Wir kleben miteinander eine große Collage vom Indianermärchen »Die Maismutter«. Wir sehen darauf den alten weisen Häuptling, die Indianer, die ums Feuer sitzen, spielende Kinder, die Zelte, den Fluss, das Maisfeld, den schönen jungen Indianer und natürlich die Maismutter.*

Das Kornkind

Ein Kinder- und Hausmärchen aus der Schweiz

Wissenswertes für die Erzählerin und den Erzähler: Gelb symbolisiert die Sonne und das Licht. Gold ist noch mehr. Es symbolisiert Reichtum, Weisheit und das Göttliche. Was der Mais für die Indianer bedeutet, ist für uns das Korn. Diese göttlichen Gaben sollte man nicht egoistisch brauchen, sondern miteinander teilen.

Ein Bauer ging aufs Feld. Es war Frühling. Von den Bäumen fielen Blütenblätter, und im Kornacker standen die Halme so schön, dass es eine Freude war.

Auf einmal sah der Bauer mitten im Korn ein kleines Kind liegen. Das kannte er nicht. Es schien ihn mit seinen Ärmchen und Augen zu bitten: Lies mich doch auf und nimm mich nach Hause.

Da dachte der Bauer: Wenn der Herrgott den Frühling so schön gemacht hat, gibt es wohl einen guten Herbst; da wird mein Brot für einen Mund mehr auch noch ausreichen – und wollte das Kind auf den Arm nehmen. Aber er brachte es nicht vom Fleck.

Da rief er alle Bauern herbei, die rings auf den Feldern an der Arbeit waren. Und jeder versuchte, das Kind vom Boden aufzuheben, und keiner vermochte es; es war allen zu schwer.

Und als es alle versucht hatten, verwandelte sich das Kind. Zuerst bekam es goldenes Haar und zuletzt war es selber aus lauter Gold – und sprach zum Bauern: »Du hast Gottvertrauen gehabt und Erbarmen mit mir; es gibt einen Herbst, der wird noch besser sein, als du denkst.« Und als es das gesagt hatte, verschwand es.

Von den drei goldenen Äpfeln

Ein Schweizer Märchen bearbeitet für Kinder von Susanne Stöcklin-Meier

Wissenswertes für die Erzählerin und den Erzähler: Dieses Schweizer Märchen ist reich an Bildern. Das Heilmittel für den kranken König sind drei goldene Äpfel aus dem verwünschten Garten. Sein jüngster Sohn besteht alle Prüfungen, ist hilfreich und gut und kommt am Schluss mit drei Goldäpfeln und einer Braut in die Königsstadt zurück, und der kranke König wird gesund.

Es war einmal ein König, der lag seit vielen Monden krank, und niemand konnte ihm helfen. Da kam eines Tages ein Bauer ins Schloss und wurde zum König gelassen. Er sprach zum kranken König: »Wenn du dir drei goldene Äpfel aus dem verwünschten Garten besorgen kannst, werden sie dich heilen!«

Der König ließ seine drei Söhne zu sich kommen und befahl dem Ältesten, ihm die drei goldenen Äpfel zu holen. Der Prinz sattelte sein Pferd und ritt aus dem Königsschloss. Im Walde begegnete er einem Bettler, der ihn um Almosen bat. Aber der Prinz hatte ein hartes Herz und wies den armen Mann ab. Am Rande des Waldes stand ein Wirtshaus, hier trat der junge Mann ein und wollte nach einem kleinen Imbiss weiter ziehen. Aber die Wirtin hielt ihn mit einschmeichelnden Reden zurück, denn sie hatte gemerkt, dass sein Geldbeutel mit Goldstücken voll gespickt war. Als er all sein Geld verjubelt hatte und nicht mehr bezahlen konnte, ließ sie ihn ins Gefängnis werfen.

Weil der Älteste so lange nicht zurückkam, machte sich der zweite Königssohn auf den Weg. Er ritt durch den Wald, wies wie jener den Bettler ab, kam ins Wirtshaus und blieb bei Wein und Speisen so lange, bis ihm das Geld ausging. Da ließ die Wirtin auch ihn ins Gefängnis werfen.

Nach einem Jahr des Wartens bestieg der Jüngste sein Pferd, um die beiden Brüder und die drei goldenen Äpfel zu suchen. Im Walde traf er, wie die andern, auf den alten, grauen Mann. Aber er ging nicht am Bettler vorbei, sondern reichte ihm eine Gabe. Da sprach der alte Mann mit mildem Lächeln:

»Du bist gut, und du sollst die goldenen Äpfel erhalten. Reite am Wirtshaus vorbei und lass dich nicht von der geldgierigen Wirtin aufhalten! Lenke dann dein Pferd gegen Sonnenaufgang. Ehe drei Tage vergehen, wirst du vor dem verwünschten Garten mit dem eisernen Tor stehen. Vorher kommst du aber durch das Reich der Löwen, dann durch das Reich der Bären und endlich durch dasjenige der Affen. Sei gut zu den Tieren, dann tun sie dir nichts zuleide! Wisse, diese Tiere sind verzauberte Menschen und warten auf ihre Erlösung.« Der jüngste Königssohn dankte dem Bettler, ritt fröhlich am Waldwirtshaus vorüber und wandte sich dann gegen Osten.

Als der dritte Abend sich auf die Erde herabsenkte, erreichte der Prinz das Reich der Löwen. Er wurde vor den Löwenkönig geführt. Dieser verkündigte ihm: »Genau zur zwölften Mittagsstunde musst du den verwünschten Garten betreten, und vier Viertelstunden später musst du ihn wieder verlassen haben. Keine Minute später! Sonst schließt sich das eiserne Tor, und eine Rückkehr ist nicht mehr möglich. Bring mir als Dank drei goldene Äpfel mit!« Die gleichen Ratschläge und die gleichen Wünsche fand der Königssohn beim Bärenkönig und beim Affenkönig.

Zur Mittagsstunde, als die Glocke zwölf schlug, stand der Prinz vor dem eisernen Tor des verwünschten Gartens. Es öffnete sich krachend. In einer Baumhöhle fand der Prinz eine Prinzessin, die so schön war, wie die Sonne am Himmel. Er setzte sich zu ihr und erzählte ihr sein Vorhaben. Da schlang sie die lilienweißen Arme um seinen Nacken und bat ihn: »Hol die goldenen Äpfel! Aber beachte den Gesang der Vögel nicht! Sonst vergisst du die Stunde der Erlösung, und du und ich wären auf immer verloren. Ich warte hier auf dich.«

Der Prinz ging hin, verstopfte sich die Ohren und brachte zwölf goldene Äpfel herbei, drei für seinen Vater und je drei für die Könige im Reich der Löwen, der Bären und der Affen. Er nahm die Prinzessin und führte sie durch das eiserne Tor hinaus. Da schlug es eins, und donnernd schloss sich das Tor hinter den beiden. Treu seinem Worte gab er die goldenen Äpfel den drei Tierkönigen und ritt mit seiner wunderschönen Braut heimwärts.

Sie waren noch nicht weit gekommen, als sich hinter ihnen eine Wolke erhob. Bald darauf kam ein glänzendes Gefolge herangesprengt. Sie wollten

dem königlichen Brautpaar huldigen. Das Gefolge bestand aus Rittern, die der Prinz in den drei Reichen der Tiere durch die goldenen Äpfel erlöst hatte. So ritt die schimmernde Schar stolz durchs Land. Als sie zum Waldwirtshaus kamen, wurden die beiden älteren Brüder des Prinzen eben zur Richtstätte geführt. Sie waren froh, dass sie durch ihren Bruder befreit wurden. Statt ihrer musste die böse Wirtin sterben. Dann zogen alle in die Stadt zum Königsschloss. Als der kranke König die drei goldenen Äpfel aus dem verwünschten Garten sah, wurde er von Stund an gesund.

Spielanregung:

- *Das Märchen eignet sich gut als Rollenspiel.*
- *Wer bastelt Löwen-, Bären- und Affenmasken?*
- *Die Kinder zeichnen, was sie in dem Märchen am meisten beeindruckt hat.*
- *Wer malt ein Bilderbuch von dem Märchen »Die drei goldenen Äpfel«?*

Der törichte Wunsch

Märchen aus Indien

Wissenswertes für die Erzählerin und den Erzähler: Gold allein macht nicht glücklich. Wer nur auf das Materielle sieht, verpasst Wesentliches im Leben. Auf der anderen Seite, wer nur von Weisheiten leben will, dem fehlt die materielle Grundlage.

In alter Zeit, als die Welt jung war, lebte in Indien ein König mit Namen Mohindra. Obwohl er Macht und Reichtum besaß und eine Tochter hatte, die er sehr liebte, war er nicht zufrieden, denn mehr als alles andere auf der Welt liebte er den Glanz des Goldes. Tag und Nacht dachte er nur daran, wie er seine Schätze vermehren könnte, und bat Gott endlich um die Gabe, dass sich alles, was er berührte, in Gold verwandeln möge.

Jeden Tag verbrachte der König viele Stunden in seiner Schatzkammer. Wenn ein Sonnenstrahl durch einen schmalen Spalt in der Wand fiel und den Goldstaub, der in der Luft schwebte, wie tausend winzige Sterne blitzen und blinken ließ, lachte der König vor Vergnügen. Mit beiden Händen griff er in die Goldmünzen, die zu gewaltigen Bergen aufgehäuft waren, warf sie wieder und wieder in die Höhe, und der Klang des herabfallenden Goldes war ihm die schönste Musik.

In jener alten Zeit stiegen die Engel noch manchmal vom Himmel auf die Erde herab. Eines Nachts, als der König tief und fest schlief, kam ein Engel zu ihm in sein Schlafgemach. Der Mond schien hell, und der König erwachte. Da sprach der Engel: »Morgen früh, Mohindra, wenn die freundliche Sonne ihre ersten Strahlen zur Erde schickt, wirst du die Gabe erhalten, dass alles zu Gold wird, was du berührst.«

Wie lang wurde dem König diese Nacht! Endlich ging die Sonne auf, und er lief in seinen Garten. Da wurden die Büsche und Bäume, die er auf seinem Weg streifte, und alle Früchte und Blumen, die er berührte, in glänzendes Gold verwandelt. Der König jauchzte und hielt sich für den glücklichsten Menschen auf Erden.

Als seine kleine Tochter in den Garten gesprungen kam und die goldenen

Blumen sah, die all ihre herrlichen bunten Farben und ihren betörenden Duft verloren hatten, begann sie bitterlich zu weinen. Der König versuchte, sie mit freundlichen Worten zu trösten, und wollte sie in den Arm nehmen, aber kaum hatte er sie berührt, wurde auch sie zu Gold. Und als er sich zu Tisch setzte und essen und trinken wollte, verwandelte sich alles, was er anfasste, ebenfalls in reines, glänzendes Gold, und er blieb hungrig und durstig. Da erkannte der König, wie töricht sein Wunsch gewesen war, und er betete zu Gott, ihn von dem Zauber zu befreien. Gott war gnädig und erhörte sein Gebet, und alles wurde wie früher.

Spielanregungen:

- *Wir spielen dieses Märchen nach. Wen der in Gold verkleidete König mit seinem goldenen Stab berührt, der wird stocksteif und kann sich wie ein Goldklumpen nicht mehr rühren. Wenn der König bereut, kann er die Verzauberten wieder entzaubern, und sie werden lebendig.*
- *Die Kinder gehen, hüpfen oder rennen zu den Rhythmen eines Tamburins oder einer Trommel frei durch den Raum. Auf ein vorbestimmtes akustisches Zeichen, z.B. Gong oder Glocke, stehen sie mucksmäuschenstill. Die Trommel oder das Tamburin erlösen sie aus ihrer Starre. Sie bewegen sich wieder frei im Raum. Das Spiel wiederholt sich.*
- *Wir spielen paarweise »Figurenwerfen«. Der Werfer fasst den Partner an den Händen, läuft mit ihm durchs Zimmer oder über den Rasen und lässt ihn plötzlich los. Der Figurenspieler erstarrt in der Bewegung. Er steht wie eine Statue da. Sobald der Figurenwerfer in die Hände klatscht, beginnt das Spiel von vorne, aber mit vertauschten Rollen.*
- *Wir sammeln formschöne Kieselsteine. Wenn wir sie rundum mit Goldbronze bemalen, verwandeln sie sich in Goldstücke.*

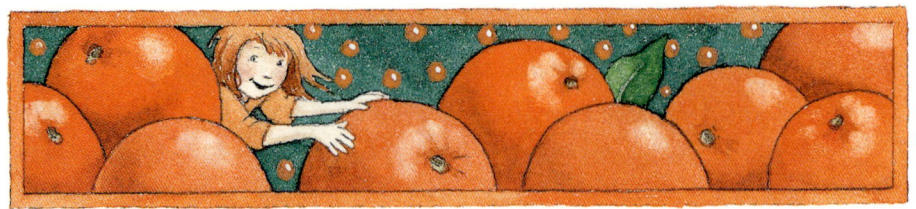

Orange ist die Farbe
der Orange

Sprichwörter und Redewendungen zum Thema

Wissenswertes für die Erzählerin und den Erzähler: Su und Zwick führen Sie und die Kinder mit dieser Geschichte in das Reich der Farbe Orange. Sie können gemeinsam das Wesen dieser Farbe erleben, fühlen und in Aktivitäten umsetzen. Von den Sprichwörtern und Redewendungen werden jeweils nur so viele weitergegeben, wie die kleinen Zuhörer verkraften können.

Der Giftzwerg Zwick möchte unbedingt wissen, woher die Orangen kommen. Su lädt ihn ein, mit dem Bärenfell nach Spanien zu fliegen. Die beiden landen in einem Orangenhain. Es ist warm, der Himmel strahlend blau und die kugeligen Orangen leuchten aus den spitzen, grünen Blättern. In diesem Orangengarten stehen drei Reihen Orangenbäume. Su und Zwick betasten die Rinde, schauen sich die Äste und die dunkelgrünen Blätter genau an. Sie beginnen, heruntergefallene Orangen aufzusammeln. Sie sitzen bald in einem Berg oranger Früchte. Sie riechen daran, schälen sie und beginnen lustvoll zu essen. Sie schmecken süß und saftig. In dem Moment taucht eine orangefarbene Elfe auf und fragt: »Schmeckt's euch?« Verdutzt bejahen die zwei die Frage. Die orangefarbene Elfe trällert: »Ich liebe Orangen. Ich liebe Orangenbäume!«, und flattert mit ihrem orangefarbenen Kleid von Orange zu Orange. Da beginnt auch Zwick zu singen:

»Gelb, rot, orange sind alle meine Kleider,
Gelb, rot, orange ist alles, was ich hab.
Darum lieb ich alles, was so orange ist,
weil mein Freund eine Orange ist.«

Alle drei stimmen ein in das Orangenlied. Sie singen verschiedene Namen
für die Farbe der Orange: »Blutorange, Mandarinenorange, Pfirsichorange,
Rotorange, Blassorange, Kupferorange und Reinorange.« Die orangefarbene
Elfe erzählt Su und Zwick alles, was sie über die Farbe Orange weiß.

* Die Orange hat der Farbe Orange den Namen gegeben.
* Orange ist die Farbe der aufgehenden Sonne.
* Orange ist die Mischung der Farben Gelb und Rot.
* Orange ist die Farbe der Kreativität.
* Orange ist lustig und fröhlich.
* Rot-Gelb-Orange ist die Farbe der stärksten Energie.

* Orange ist die herzhafte »Auf-geht's!«-Farbe.
* Menschen, die Orange lieben, sind heiter und gesellig.
* Orange füllt die Gedanken mit Freude und Glück.
* Die Farbe Orange regt den Appetit an.
* In China steht Orange für Macht und Glück.
* Orange ist in Indien eine heilige Farbe.

»Warum ist Orange in Indien eine heilige Farbe?«, fragt Su die Elfe. Die erklärt: »Orange ist die strahlendste und wärmste aller Farben. Gelborange ist
wie die Sonne und der Sommer. Orange hat eine unmittelbare Verbindung
zum Lächeln von Gott. Darum tragen die Mönche im Osten orange
Gewänder und begrüßen die Sonne jeden Morgen mit einem Gebet.«
Die drei tanzen zum Abschied um den Orangen-
berg. Die orangefarbene Elfe verschwindet im
Orangenbaum, und Su und Zwick fliegen mit
dem Bärenfell von Spanien, dem Land der
Orangen, wieder nach Hause.

Kinder entdecken die Farbe Orange

Orange ist kreativ und Freude

Orange ist die kreativste und schöpferischste Farbe. Sie ist wie die aufgehende Sonne. Orange bringt den Menschen Stärke und Kraft. Weil die Sonne das Gleichnis für Gott ist, tragen die östlichen Mönche orangefarbene Gewänder. Eingehüllt in die Symbolfarbe der Sonne, fühlen sie sich rundum geborgen und beschützt. Orange ist eine warme Farbe, sie regt zu aktivem Tun an. Orange wirkt heiter, lebenslustig, fröhlich, hell und freundlich.

- Wir besprechen mit den Kindern Redewendungen zum Thema Orange.
- Wer kann Sprichwörter zum Thema Orange pantomimisch darstellen?
- Wir malen gemeinsam ein oranges Fantasiebild mit verschiedenen Rot-Gelb-Tönen wie: »Blutorangenrot, Apricot, Hummerrot, Indischgelb, Reinorange, Mandarinenorange, Pfirsichorange, Lilienorange, Dunkelorange ...«
- Wir erfinden einen orangen Sonnentanz. Wir drehen dazu farbige Tücher oder farbige Bänder in der Luft.
- Wir sammeln orange Schätze zum Fühlen, Bestaunen und Spielen.
- Am orangen Tag tragen wir orange Kleider, verwenden orange Gegenstände und kochen ein oranges Essen.
- Wir erfinden orange Geschichten und spielen sie nach.
- Wir essen orange Früchte und oranges Gemüse. Wie schmecken sie?
- Beim Malen spielen und experimentieren wir mit Rot, Gelb und Orange.
- Wie wirkt Orange auf unsere Sinne, unser Gemüt, unsere Fantasie?
- Orange in der Natur: Gibt es orange Tiere? Wer findet orange Blumen?
- Wer entdeckt beim Museumsrundgang Bilder, die viel Rot, Gelb und Orange enthalten?

Orange ist wie ...

Wir spielen dafür das Ratespiel »Orange ist wie ...«, damit die Kinder die Farbenvielfalt erleben und sie mit Gefühlen und Erlebnissen verbinden. Die Kinder erzählen etwa: »Orange ist wie ein dicker Clown. Orange ist wie ein Sonnenaufgang. Orange strahlt wie goldene Lichter am Nachthimmel. Orange ist wie Lachen und Freude. Orange ist wie eine Karottentorte. Orange schmeckt wie eine Kürbissuppe. Orange duftet wie ein Aprikosenkuchen. Orange ist wie Orangensaft. Orange ist wie Feuerlilien. Orange ist wie Ringelblumen. Orange glänzt wie das Eigelb auf dem Butterzopf am Sonntagmorgen. Orange ist wie der Straßenkehrer. Orange ist wie mein orangeroter Plastikkübel. Orange ist wie ein Kupfertopf. Orange ist wie ein Zierkürbis.« Wer kann die orange Farbenvielfalt noch ergänzen?

Ich sehe was, was du nicht siehst, und das ist orange

Der Spielleiter sucht sich mit den Augen einen orangen Gegenstand aus. Das kann ein Kleidungsstück sein, ein Gegenstand im Zimmer, ein Spielzeug, Sachen aus der Umgebung oder der Natur. Wer den orangen Gegenstand als Erster errät, ist in der nächsten Runde Spielleiter.

Ich packe in meinen Rucksack

Die Kinder sitzen in einer Reihe. Der Spielleiter wirft ihnen einen Ball zu und sagt: »Ich packe in meinen Rucksack …« Der

Ballfänger ruft etwa: »Ein oranges T-Shirt.« Es dürfen nur orange Gegenstände in den Rucksack eingepackt werden. Jeder Spieler wiederholt die ganze Wörterkette. Wer ein Wort vergisst, dem wird geholfen. Bei der Farbe Orange fällt den Kindern vielleicht ein: »Ein Straßenkehrer, eine Karotte, eine Orange, eine Mandarine, ein oranges Kissen, eine orange Kerze, ein oranges Buch, eine Ringelblume, eine Feuerlilie oder eine orange Badehose.«

Verkehrte Welt

Ist die Orange blau?
Nein, die Orange ist orange.
Ist die Karotte grün?
Nein, die Karotte ist orange.
Ist der Hummer weiß?
Nein, der Hummer ist kupferorange.
Ist die aufgehende Sonne schwarz?
Nein, die aufgehende Sonne ist orangegelb.
Ist die Aprikose tomatenrot?
Nein, die Aprikose ist zart apricotorange.

Wer kennt orange Blumen?

Die Kinder sitzen in einer Reihe oder im Kreis. Der Spielleiter wirft einem nach dem andern den Ball zu. Beim Fangen wird der Name einer orangen Blume gerufen wie: Kapuzinerkresse, Ringelblume, Trollblume, Freesie, Gerbera, Lampionblume, Gladiole, Sonnenauge, Zinnie, Knollenbegonie, Feuerlilie, Tagetes, oranger Mohn, Ritterstern, Sonnenröschen, Orangenschmuckkörbchen, Dahlien. Wer kennt noch andere orange Blumen?

Das orange Wunder

Wir kleben uns einen eigenen Blumenkatalog oder ein Bild mit orangen Blumen, vielleicht in Kreisform, als Blume oder Stern. Die orangen Blumen erheitern unser Gemüt, füllen uns mit Freude und guten Gedanken. Hübsch wirken etwa Gladiolen, Ringelblumen, orange Dahlien, Freesien, Tagetes und so weiter. Orange Blumen finden wir in Zeitschriften, Gartenzeitschriften und Gartenkatalogen. Nach dem Sammeln werden sie ausgeschnitten und aufgeklebt. Unsere »orangen Wunderbilder« verbreiten Heiterkeit. Sie eignen sich auch gut als Geschenke.

Wir besuchen den Maharadscha

Wir malen heute gemeinsam ein oranges Fantasiebild. Wir besuchen einen indischen Maharadscha. Er wohnt im orangen Wasserschloss. Das orientalische Gebäude hat viele orange glänzende Kuppeln und Türme. Im Wasser schwimmen kupferorangefarbene Goldfische. Im Innenhof stehen Orangenbäume. Die Orangen leuchten wie rotgoldene Kugeln zwischen den Blättern hervor. Auf diesen Bäumen sitzen gelbrote Paradiesvögel. Sie zwitschern orangene Lieder in den tiefblauen Himmel. Der Maharadscha trägt orange Kleider und einen rot-gelb-orangen Turban. Die Diener wedeln ihm mit orangen Federn die Fliegen weg. Der Maharadscha sitzt auf aprikosenfarbigen Kissen. Dunkelorange gekleidete Musikanten spielen ihm das Orangenlied. Wer spinnt die orange Geschichte auf dem Papier mit Pinsel und Farbe weiter?

Orange Früchte und Gemüse

Dieses Jahr achten wir besonders im Herbst und im Winter auf orange Früchte und Gemüse. Sie enthalten viel Vitamin C und wirken darum Energie spendend. Viele der orangefarbenen Früchte stammen aus dem Süden oder dem Orient.

Wir schauen sie genau an, betasten sie, riechen daran und fühlen beim Essen, wie sie schmecken. Wir entdecken etwa Orangen, Aprikosen, Nektarinen, Mangos, Papaya, Pfirsiche und Kakhi. Bei den Gemüsen finden wir Kürbisse, Karotten und orangefarbene Paprika.

Wir suchen orange Steine

Wir finden sie in Steinläden, auf Märkten und bei Mineralienbörsen. Für Kinder eignen sich besonders gut folgende Halbedelsteine: der orangerote Karneol, der orangerote Achat, der orangefarbene Bernstein und der orangerote Feueropal. Der Karneol ist der einzig wirklich orange leuchtende Stein, den es in der Natur gibt. Wenn man ihn in der Hosentasche herumträgt, bringt er Freude und Lust am kreativen Tun. Achate werden oft in Scheiben geschnitten angeboten. Wenn man sie gegen das Licht hält, wirken sie wie Kirchenfenster. Sie haben meistens schöne Muster. Der Achat wird schon von alters her nach geheimen Rezepturen eingefärbt, darum leuchtet er so stark.

Der goldorange Wunderwollknäuel

Wissenswertes für die Erzählerin und den Erzähler: Diese kleine Sage vom goldorangen Wunderwollknäuel zeigt, dass wir mit Geheimnissen sorgfältig umgehen müssen. Wir dürfen nicht alles hinterfragen und auseinander nehmen, sonst ist das Geheimnis fort.

Es war einmal eine Frau, die hatte sich die Gunst des Holzweibleins erworben, und das Weiblein gab ihr einen goldorangen Knäuel Wolle zum Geschenk. »Wickle davon«, sprach es, »solange du willst, es wird nie aufhören. Aber hüte dich wohl nachzuforschen, ob es ein Ende habe!«
Also hatte die Frau einen goldorangen Knäuel Wolle und strickte davon goldorange Sachen, und er hörte nie auf. Aber sie war eine gar neugierige Frau, und so machte sie den Knäuel doch einmal auf und guckte nach, ob er denn wirklich kein Ende habe. Sie zog ihn so lange auf, bis er plötzlich auseinander fiel und das Ende zu sehen war. Nun konnte sie nur noch diese goldorangen Fäden stricken, dann war es vorbei. So hatte sie etwas für ihre Neugierde.

Spielanregung:

Wir wickeln Wunderwollknäuel aus dicker Wolle. Beim Aufwickeln eines Wollknäuels geben wir immer wieder kleine Überraschungen dazu wie Bonbons, Kaugummi, kleine Spielsachen. Diese Wunderwollknäuel aus dicker Wolle versüßen den Kindern das Strickenlernen.

Die Geschichte vom bunten Licht

Petra Beutl

Wissenswertes für die Erzählerin und den Erzähler: Diese Geschichte zeigt uns, wie warme und kalte Farben wirken. Der orange Sonnenstrahl wärmt, lässt das Herz höher schlagen, regt an. Der türkisblaue Sonnenstrahl kühlt und beruhigt.

Es war einmal ein Mädchen. Das lebte in einer kleinen Hütte. Es hatte nur ein einziges, dünnes Kleidchen und – was noch schlimmer war – keinen Ofen. So konnte es sich nichts kochen und es hatte auch keine warme Wohnung. Als es Winter und sehr kalt wurde, fror das Mädchen. Seine Hände und Füße waren bald blau gefroren, weil es auch keine Schuhe und Handschuhe hatte. »Ach bitte, liebe Sonne, komm doch und schenk mir einen Sonnenstrahl!«, bat das Mädchen. Die Sonne hatte Mitleid mit dem armen Mädchen und kitzelte es mit ihren Strahlen an der Nase. »Ich werde dir einen Strahl schicken, der dich wärmt«, flüsterte sie. Und so geschah es. Ein Strahl in rotem Orange erleuchtete die ganze Stube, und das Mädchen fühlte sich auf einmal warm und geborgen. Als dann aber der Sommer kam und es sehr heiß wurde, war es in der Stube bald unerträglich stickig. Wieder sprach das Mädchen: »Liebe Sonne, hilf mir.« Und die Sonne half ihm auch dieses Mal. Sie schickte einen türkisblauen Strahl in die Stube des Mädchens, und da wurde es angenehm frisch und kühl. Bald kamen die Nachbarn ins Haus, um sich hier von der Hitze zu erholen. Und sie waren dem armen Mädchen so dankbar, dass sie ihm viele Geschenke machten. So musste das Mädchen keine Not mehr leiden. Niemand jedoch achtete auf das türkisblaue Licht. Nur das Mädchen und die Sonne kannten das Geheimnis.

Spielanregungen:

- *Wir bemalen mit durchsichtigen Fensterfarben ein Fenster mit Rotorange und eines mit Türkisblau. Die Kinder dürfen herausfinden, bei welchem Fenster sie sich wohler fühlen. Wirkt das rotorange Fenster warm und das türkisblaue kühl?*
- *Wir kleben mit Tesaband durchsichtige Farbfolien ans Fensterglas und lassen uns von der jeweiligen Farbatmosphäre verzaubern.*

Grün ist die Wiese – grün ist der Wald

Sprichwörter und Redewendungen zum Thema

Wissenswertes für die Erzählerin und den Erzähler: Su und Zwick führen Sie und die Kinder mit dieser Geschichte in das Reich der Farbe Grün. Sie können gemeinsam das Wesen dieser Farbe erleben, fühlen und in Aktivitäten umsetzen. Von den Sprichwörtern und Redewendungen werden jeweils nur so viele weitergegeben, wie die kleinen Zuhörer verkraften können.

Die grüne Elfe spielt heute in den Blättern des Kastanienbaumes. Für die meisten Menschen ist sie unsichtbar. Doch Su hat sie hinter einem Blatt entdeckt und fragt: »Wer bist du? Was machst du da oben?« Die grüne Elfe rutscht über die Kastanienblätter auf Sus Hand und antwortet: »Ich bin die Farbelfe Grün und spiele in der Blätterkrone. Ich liebe alles, was grün ist: Blätter, Salat, Frösche und Krokodile. Meine Lieblingsfarben sind Blattgrün, Grasgrün, Erbsengrün, Olivengrün, Flaschengrün, Dunkelgrün und Hellgrün. Soll ich dir etwas über Grün erzählen?« Su möchte gerne mehr wissen, und die Elfe berichtet:

* Grün ist die Hoffnung.
* Grün ist die Farbe des Frühlings.
* Die Grünkraft lässt die Pflanzen wachsen und gedeihen.
* Grün ist die Farbe des Paradiesgartens.
* Märchengrün sind Drachen und Nixen.
* Grünzeug schmeckt herb und frisch.
* Wer hat einen grünen Daumen?

* Grün ist die Wiese, grün ist der Wald.
* Grün ist die Farbe der Mitte.
* Die Bäume tragen grüne Kronen.

* So ein Grünschnabel!
* Ach du grüne Neune!
* Er ist noch grün hinter den Ohren.

Plötzlich taucht der Giftzwerg Zwick singend auf dem Rasen auf:

>»Alle meine Entchen
schwimmen im Spinat,
schwimmen im Spinat,
rutschen übers Spiegelei
und landen im Salat.«

Er klopft Su auf die Schuhe und brummt dazu: »Ach du grüne Neune, Suppengrün und Drachenungeheuer! Sind wir hier denn alle grün hinter den Ohren? Ich möchte ins Grüne fahren und nicht nur übers Grüne quatschen. Schau mich an, Su!« Zwick streicht sich wohlig über sein grünes Giftzwergwams und singt dazu:

>»Grün, grün, grün sind alle meine Kleider,
Grün, grün, grün ist alles, was ich hab.
Darum lieb ich alles, was so grün ist,
weil mein Freund ein Grün-grün-schnabel ist«.

Su lacht: »Ich habe verstanden, du findest dein giftiggrünes Kleid schön. Wir spielen gleich, hab noch einen Moment Geduld. Die grüne Elfe erzählt uns noch, warum Bäume für uns so wichtig sind.« Die beiden setzen sich unter den Kastanienbaum und lauschen, was ihnen die grüne Elfe erzählt.

Die grüne Elfe erzählt vom grünen Land der Bäume

Wir grünen Elfen lieben die Bäume.
Wir streichen ihre Blätter an und geben ihnen die Farbe.

Wir spielen mit den Blättern im Wind.
Wir spielen Elfenmusik zur Blütezeit.
Der Baum ist der König der Pflanzen.
Er ist die größte Pflanze, die es gibt auf der Erde.
Er wird sehr, sehr alt. Er überlebt viele Generationen von Menschen.
Seine Äste und Blätter bilden die Baumkrone.
Seine Wurzeln wachsen tief in den Grund, sie geben ihm Halt.
Er hat einen dicken Stamm. Die Rinde umhüllt ihn wie ein Gewand.
In seinem Querschnitt sehen wir die Jahresringe.
Er streckt seine Äste zum Himmel, der Sonne entgegen.
Seine Arme schützen Tiere und Menschen vor Regen.
Sein Blätterdach spendet im Sommer kühlen Schatten.
Große und kleine Tiere wohnen im Baum, seinen Ästen und Wurzeln.
Im Frühjahr treibt er Blüten, im Herbst schenkt er uns saftige Früchte.
Der Baum leitet das Sonnenlicht in die Erde.
Das Sonnenlicht verfestigt sich in den hölzernen Wurzeln.
Der Baum saugt aus der Erde das Wasser nach oben in die Blätter.
Erde und Wasser verwandeln sich im Blattwerk zu durchscheinendem
Grün. Manchmal leuchten die Blätter dann wie Glasfenster.
Der Baum ist die Brücke zwischen Himmel und Erde.
Er spendet den Menschen den lebenswichtigen Sauerstoff.
Bäume sorgen für feuchte Erde und gute Luft.
Das Laub verwandelt sich in Humus.
Ohne Bäume ist die Erde unfruchtbar.
Ohne Bäume gäbe es kein Leben auf der Erde.

Fantasiereise: Wir erleben einen Baum

Die drei machen zusammen eine Fantasiereise ins Grüne und wir gehen mit.
Wir stellen uns mit geschlossenen Augen gerade hin oder setzen uns auf
einen Stuhl. Wir atmen ruhig ein und aus. Wir sehen mit unserem inneren
Auge unseren Lieblingsbaum. Vielleicht ist es eine Linde, ein Tannenbaum,

eine Pappel oder eine Birke. Vielleicht ist es ein Fantasiebaum aus Glas, Gold oder Silber. Die Sonne bescheint uns warm. Es ist ein schöner Sommertag. Wir strecken die Arme der Sonne entgegen und spüren, wie uns Äste wachsen und eine Baumkrone entsteht. Wir bewegen die Arme sanft hin und her. Die Blätter bewegen sich leicht im Wind. Wir nehmen durch unsere Hände die Sonnenwärme auf und lassen sie durch die Arme, unseren Körper, durch die Beine, bis in die Füße zu den Wurzeln fließen. Das Sonnengold fließt durch unsere Baumwurzeln, bis tief in die Erde hinein. An den Wurzelspitzen fühlt es kühles Wasser. Nun beginnt das Nass durch die Wurzeln aufzusteigen in unsere Füße, Beine, Körper, Kopf, Arme, bis in unsere Fingerspitzen, die Blätterkrone. Wir fühlen uns stark und geborgen. Am Himmel die sonnige Wärme, in der Erde das kühle Nass. Wir kommen langsam von unserer Fantasiereise zurück. Wir räkeln und strecken uns und reiben die Augen.

Die Kinder erzählen, was für ein Baum sie waren und wie sie sich dabei gefühlt haben. Wer Lust hat, kann seinen Baum auch zeichnen.

Fantasiereise: Von der Kastanie zum Kastanienbaum

Wir setzen uns mit einer Kastanie in der Hand gerade auf einen Stuhl, werden alle leise und atmen ruhig ein und aus. Wir sind entspannt und haben die Augen geschlossen. Wir hören dem Erzähler der Fantasiereise ruhig zu. Die Geschichte beginnt: »Die Sonne scheint uns auf den Körper, ein blauer Himmel wölbt sich über uns. Wohlige Wärme durchfließt uns von den Füßen bis zum Kopf. Nun gehen wir mit unserem Bewusstsein zur Kastanie in unserer Hand. Wir spüren, wie ein zartgrüner Keim aus ihr wächst und wie sich Wurzeln entwickeln. Der Keim wächst bis in den Himmel, wird zum Stamm, aus dem die Äste wachsen. Die Wurzeln dringen tief in die Erde ein und geben unserem Kastanienbaum Halt. Es wird Frühling, die grünen Blätterhände wachsen und die Blüten schlagen aus. Sie werden zu prall gefüllten Knospen. Die Blütenkerzen öffnen sich und verströmen ihren Duft. Langsam wird es Sommer und die grünen Kugeln entstehen. Es wird Herbst, die stacheligen Hüllen platzen auf und die glänzend braunen Kastanien kullern auf den Boden. Wir heben sie auf und halten sie in der Hand. Wir kommen langsam von unsere Fantasiereise zurück. Wir räkeln und strecken uns und reiben die Augen.

Die Kinder erzählen, was für ein Baum sie waren und wie sie sich dabei gefühlt haben. Wer Lust hat, kann seinen Baum auch zeichnen.

Die Blüten öffnen sich

Mit Chiffontüchern lässt sich das Wachsen der Pflanzen und das Aufblühen der Blumen wunderschön nachspielen. Wir verwenden quadratische Chiffontücher aus feinem Nylongewebe. Sie sind in allen Farben erhältlich. Die Spieler knien am Boden und knüllen das Chiffontuch faustgroß zusammen und lassen es ganz in der Hand verschwinden. Kein Zipfelchen darf herausschauen! Nun öffnen sie ganz langsam und sachte die Hände; das Nylontuch quillt wie von selbst heraus. Die Blüte entfaltet sich. Gleichzeitig strecken sich die Kinder und lassen die Hände mit der Blüte zum Himmel wachsen. Sie sprechen dazu:

> »Wachse, kleine Pflanze,
> wachse stark und still,
> strecke deine Blätter,
> wie das Licht es will,
> mache deine Blüten auf,
> schau zum Sonnenlicht hinauf.«

Kinder entdecken die Farbe Grün

Wir wachsen mit dem Grün

Grün ist die Farbe der Vegetation und die Symbolfarbe des Lebens. Grün steht für die ausgleichenden, heilenden und stärkenden Kräfte der Natur. Grün ist die Farbe des Anfangs, des Frühlings, der Hoffnung. Welche Farbe könnte besser zu Kindern passen? Wir erleben das Grüngefühl in der Natur: im Garten, in der Wiese und im Wald. Auf dem Balkon und im Zimmer beobachten wir Pflanzen in Töpfen. Wir erleben das Grüngefühl auch in Geschichten, Bilderbüchern, Gedichten und Liedern. Die Farbe Grün inspiriert uns zum Raten und Reimen.

- Wir besprechen mit den Kindern Redewendungen zum Thema Grün.
- Wer kann Sprichwörter zum Thema Grün pantomimisch darstellen?
- Wir malen gemeinsam einen Märchenwald.
- Wir versuchen, mit den Kindern Bäume mit allen Sinnen zu erleben.
- Was lässt sich alles im Wald und in der Wiese entdecken?
- Wir sammeln Blätter und Pflanzen und pressen sie für unser Herbarium.
- Wir sammeln grüne Schätze zum Fühlen, Bestaunen und Spielen.
- Am grünen Tag tragen wir grüne Kleider und verwenden grüne Gegenstände.
- Wir hören grüne Geschichten und spielen sie nach.
- Wer hat ein grünes Lieblingsessen?
- Wir erfrischen uns mit Pfefferminz-, Zitronenmelissen- oder Goldmelissentee.
- Wir malen und experimentieren mit grüner Farbe und Tüchern.
- Wie wirkt Grün auf unsere Sinne, unser Gemüt, unsere Fantasie?
- Was gibt es für grüne Tiere? Wo leben sie?
- Wer entdeckt beim Museumsrundgang das grünste Bild?

Grün ist wie ...

Wir spielen dafür das Ratespiel »Grün ist wie ...«, damit die Kinder die Farbenvielfalt erleben und sie mit Gefühlen und Erlebnissen verbinden. Die Kinder zählen auf: »Grün ist wie der Regenwald. Grün ist wie das Krokodil. Grün ist wie die

Bohne. Grün ist wie Salat. Grün ist wie die Flasche. Grün ist wie die Tanne. Grün ist wie Pistazieneis. Grün ist wie Pfefferminztee. Grün ist wie eine Olive. Grün ist wie ein Lindenbaum.« Wer kann die grüne Farbenvielfalt noch ergänzen?

Ich sehe was, was du nicht siehst, und das ist grün

Das Grünratespiel eignet sich nicht nur für die Innenräume, sondern auch für Garten, Park, Wiese und Wald. Der Spielleiter sucht mit den Augen einen grünen Gegenstand aus. Das kann ein Baum, eine Pflanze, ein Blatt, ein Gemüse oder sonst ein grüner Gegenstand sein. Wer den grünen Gegenstand errät, ist der nächste Spielleiter.

Verkehrte Welt

Ist das Krokodil rot?
Nein, das Krokodil ist dunkelgrün.
Ist der Kopfsalat blau?
Nein, der Kopfsalat ist hellgrün.
Ist der Kastanienbaum lila?
Nein, der Kastanienbaum ist grün.
Ist der Spinat orange?
Nein, der Spinat ist flaschengrün.

Wer kennt grüne Gemüse?

Die Kinder sitzen in einer Reihe oder im Kreis. Der Spielleiter wirft einem nach dem andern den Ball zu. Beim Fangen wird der Name eines grünen Gemüses gerufen wie: »Lauch, grüne Peperoni, Wassermelone, Gurke, Kresse, Kohl, Spinat, Kopfsalat, Kohlrabi, Bohnen, Erbsen.« Wer kennt noch andere grüne Gemüse?

Wir pflücken einen grünen Kräuterstrauß

Beim nächsten Rundgang in den Garten, auf dem Markt oder im Einkaufszentrum suchen wir Küchenkräuter, nicht nur mit den Augen, sondern auch mit der Nase! Sie duften so herrlich. Wer entdeckt Petersilie, Schnittlauch, Bohnenkraut, Rosmarin, Basilikum? Wir tragen den grünen Kräuterstrauß sorgfältig nach Hause und stellen ihn in ein Glas mit Wasser auf den Küchentisch. Wir würzen damit den Salat, die Suppe und das Gemüse. Schmeckt's? Wer versucht, eigene Küchenkräuter zu pflanzen?

Das grüne Wunder

Wir basteln einen Baumkatalog. Das Material dazu finden wir in Zeitschriften, auf Postkarten und in Gartenkatalogen. Nach dem Sammeln wird ausgeschnitten und aufgeklebt. Was fehlt, können wir auch zeichnen. Wir kleben eine Obstbaumsammlung. Ein Apfelbaum, Kirschbaum, Birnbaum, Aprikosenbaum oder Pflaumenbaum darf nicht fehlen. Wer sucht für sich Waldbäume wie Tanne, Ahorn, Buche, Birke, Eiche? Beim nächsten Spaziergang besuchen wir unsere Bäume.

Wer malt ein schönes Grünbild?

Wir malen mit Kreide, Farbstift oder Wasserfarbe. Wer malt ein Wiesenbild mit Blumen, einen Schlossgarten mit Rosenhecken oder einen Märchenwald?

Frosch oder Krokodil?

Heute zeichnen wir grüne Tiere. Was schwimmt da grün im Nil? Was quakt auf dem Seerosenblatt und hüpft ins Wasser? Was schlängelt grün durch den Regenwald? Vielleicht zeichnen wir ein Bild von einer grünen Schmetterlingsraupe, einem Leuchtkäfer, einer Heuschrecke oder einer Eidechse ... Wir befestigen unser grünes Tierbild für ein paar Tage mit Magnetknöpfen am Kühlschrank.

Wir suchen grüne Steine

Wir finden sie in Steinläden, auf Märkten und an Mineralienbörsen. Für Kinder besonders geeignet sind der hell- bis dunkelgrüne Aventurin, der milchige Moosachat mit seinen »Pflanzeneinschlüssen«, der grüne Heliotrop mit seinen roten Punkten, der smaragdgrüne Malachit, der durchscheinende grüne Fluorit, der grünblaue Chrysokoll und der olivengrüne Olivin. Die Steine eignen sich für die Schatzschachtel, für Legespiele und zum Freudehaben an Schönem.

Wir mischen Gelb und Blau

Wir mischen uns Grün selber. Wir malen mit Wasserfarbe Gelb und Blau und lassen die beiden ineinander fließen.
O Wunder, sie verwandeln sich in Grün.
Leo Lionni hat dazu einen Vers geschrieben:

»Als das Gelb das Blau fand, rief es aus:
Da bist du ja! Ich suchte dich.
Sie lachten und umarmten sich.
Da wurden sie durch diesen Spaß
bei der Umarmung grün wie Gras.«

Hänschen Apfelkern

Nach einer amerikanischer Einwandererlegende

Wissenswertes für die Erzählerin und den Erzähler: Diese amerikanische Einwanderer-legende zeigt sehr schön, wie Bäume durch Samen oder Kerne über ganze Kontinente wandern.

Es war einmal ein kleiner Junge, der hieß Hänschen. Am liebsten aß er Äpfel und freute sich immer über die schönen braunen Kernlein, die ganz innen wie in fünf Sternenstübchen schlummerten. Eines Tages erzählte ihm die Mutter, wie ein Apfelbaum wachsen könne aus jedem Kern, wenn man ihn nur in die gute Erde lege, wenn die Sonne ihn bescheine, der Regen ihn benetze und Gottes Segen darauf ruhe. Da begann Hänschen die Kernlein zu sammeln, und ein jeder nannte ihn nun Hänschen Apfelkern. Als er schon eine Menge beisammen hatte, sprach er zur Mutter: »Ach bitte, nähe mir doch ein Säckchen, damit ich meine Kerne aufbewahren kann.« Die Mutter nahm ein kleines Stückchen Stoff, nähte ein Säckchen, und Hänschen tat die Apfelkerne hinein.

Als es voll war, ging er zur Mutter und bat: »Ach Mutter, nähe mir doch ein größeres Säckchen für meine Apfelkerne!« Sie nahm ein größeres Stück Stoff und nähte es, und als dieses Säcklein voll war, ging Hänschen Apfelkern wieder zu ihr und sprach: »Ach bitte, mache mir doch noch ein größeres Säckchen.« Als nun auch dieses genäht und voll mit Apfelkernen war, bat er die Mutter noch einmal, und sie nahm ein ganz großes Stück Stoff und nähte einen großen Sack daraus. Als dieser eines Tages voll war, da war aus Hänschen schon ein Hans geworden, ein junger Bursche, der sprach zu seiner Mutter: »Nun will ich durch das weite Land wandern und Apfelkerne pflanzen, dass alle Kinder sich an den guten Äpfeln freuen können.« Also machte er sich bereit. Schuhe hatte er keine, aber das Barfußlaufen machte ihm nichts, das war er gewöhnt, und seine Fußsohlen waren schon ganz fest. Auf den Kopf setzte er einen Kochtopf, nahm einen Wanderstab in die Hand, den Sack über die Schulter. Auch ein heiliges Buch mit Sprüchen und Geschichten nahm er mit, um Gottes Segen zu erbitten. So sagte er seiner Mutter Lebewohl, machte sich auf den Weg und sang ein frohes Lied:

>Der liebe Gott ist gut,
ihm dank ich immerzu;
er schickt mir alles, was ich brauch:
den Regen und den Sonnenschein
und Apfelkernlein auch.«

Wo Hans Apfelkern nun wanderte, pflanzte er die Apfelkernlein. Manchmal übernachtete er oder blieb eine Weile bei Bauersleuten und half ihnen bei der Arbeit. Wenn er dann Abschied nahm, streute er seine Kernlein rund um das Haus. Die sollten eines Tages einen schönen Obstgarten haben! Weiter und weiter wanderte er, immer der Sonne nach, bis er eines Tages nicht weiterkonnte. Er war nämlich bis ans Meer gekommen. Da war auch sein Sack leer. Bis zum nächsten Frühjahr blieb er noch bei guten Leuten, und wie er sich dann auf den Heimweg machte, war schon das erste Pflänzchen gewachsen, nicht größer als ein kleiner Finger. Die nächsten waren schon wie der Ringfinger, andere wie der Mittelfinger und der Zeigefinger und manche dick wie ein Däumchen. Im Weiterwandern fand er immer größere Bäumchen, erst wie seine Hand so groß, dann so lang wie ein Stecken von seinen Fingerspitzen zum Ellbogen, schließlich lang wie sein Arm. Und immer größer wurden sie, bis er endlich nach Hause kam; dort waren die Apfelbäume bereits so hoch wie er selbst. Die Mutter hörte ihn schon von weitem singen:

>Der liebe Gott ist gut,
ihm dank ich immerzu;
er schickt mir alles, was ich brauch:
den Regen und den Sonnenschein
und Apfelkernlein auch.«

Sie eilte ihm entgegen und reichte ihm einen Apfel, der an seinen Bäumen gereift war. Das ist die Geschichte von Hänschen Apfelkern.

Spielanregung:

Wer versucht, mit den Kindern einen Jahreskreislauf mit einem Apfelbaum zu erleben? Wir wählen uns einen besonders schönen Apfelbaum aus und besuchen ihn regelmäßig rund ums Jahr. Die Kinder beobachten ihn mit allen Sinnen: sehen, tasten, fühlen, hören, riechen, schmecken. Das Erlebte halten sie in Zeichnungen fest. Wir führen ein kleines Tagebuch mit Notizen zur Entwicklung des Apfelbaumes und halten die Reaktionen der Kinder fest.

Unser Tagebuch vom Apfelbaum

Anfang Mai suchen wir uns einen Apfelbaum aus. Wir begrüßen ihn mit einer Umarmung, betasten dann den Stamm und die Rinde und sehen uns die Äste an. Wir staunen, welch dicke Knospen unser Apfelbaum schon hat.

Am 20. Mai entdecken wir, dass unser Baum blüht. Wir schnuppern seinen Duft ein. Wir beobachten eine Blüte mit der Lupe. Wie viele Blätter hat sie, wo sind die Staubgefäße? Wenn wir still unter unserem Apfelbaum stehen, hören wir die Bienen summen, die die Blüten besuchen. Wer zeichnet die weiße Blütenpracht und malt die Bienen?

Am 11. Juni sehen wir, dass die Blütenblätter abfallen. Wir bemerken, dass sich zum Teil bereits kleine grüne Äpfelchen gebildet haben. Wir schließen die Augen und hören, ob in unserem Baum Vögel zwitschern oder im Gras Grillen zirpen.

Am 15. Juli stellen wir fest, unsere Äpfel wachsen! Wir freuen uns darüber. Heute setzen wir uns unter den Baum und stellen uns vor, was unten in den Wurzeln alles geschieht.

Nach den Sommerferien im September entdecken wir, dass die Äpfel schon fast reif sind. Manche sind schon rot und gelb geworden. Ab und zu fällt ein Apfel vom Baum. Manche sind wurmstichig. Wir probieren ein Apfelstückchen und stellen fest, dass es gut ist.

Ende September sind die Äpfel ausgereift. Sie hängen rot an unserem Baum. Jetzt ist Erntezeit. Wir essen die Äpfel, reiben sie zu Birchermus oder backen einen Apfelkuchen.

Am 12. Oktober sind die Blätter unseres Baumes schon bunt geworden. Welche Farben haben sie? Es ist Herbst geworden, einzelne Blätter fallen vom Baum.

Am 25. November steht unser Baum kahl und leer. Gemeinsam blättern wir unser Baumbuch mit den Zeichnungen durch. Gespannt lauschen die Kinder beim Vorlesen den Aufzeichnungen. Das »Baum-Bilderbuch« regt an, Geschichten vom Apfelbaum zu erzählen, und hält die Erinnerungen vom Naturablauf wach: Frühling, Sommer, Herbst und Winter.

Im Dezember und Januar ruht unser Baum. Die Äste sind kahl und leer, und wenn es schneit, trägt unser Apfelbaum weiße Kappen.

Palme, Olive und Tanne

Italienische Legende

Wissenswertes für die Erzählerin und den Erzähler: Diese italienische Legende zeigt schön auf, wie sich um einzelne Bäume und Feste im Jahreslauf Geschichten und Überlieferungen ranken.

In der Nacht nach dem Heiligen Abend saßen die Hirten in der Nähe des Stalles von Bethlehem beieinander und erzählten sich, was sie erlebt hatten. Sie redeten von der schönen jungen Mutter und von dem Kind, das schon lächeln konnte. Die Bäume, unter denen die Hirten saßen, hörten zu. Es waren ein Olivenbaum, eine Palme und eine Tanne. Als die Hirten gegangen waren, nickte der Olivenbaum mit seinem Wipfel hinüber zum Stall von Bethlehem und sagte: »Ich werde der Mutter Öl schicken aus meinen Früchten, damit kann sie das Kind salben und pflegen.« Die Palme rauschte leise mit ihren Blättern: »Von mir bekommt sie die schönsten Wedel. Mit denen kann sie die Fliegen verjagen, damit sie das Kind nicht im Schlafe stören.« Die Tanne schwieg. Was hätte sie auch anbieten können, um das Kind zu erfreuen? Sie trug ja nur Nadeln, die waren hart und spitz. Vor Kummer liefen dem Baum dicke Harztränen aus der Rinde. Das sahen die Engel, die um die Krippe mit dem Gotteskind schwebten. Sie brachten leuchtende Sterne und steckten sie der Tanne auf die Zweige. Wunderschön hob sich der Lichterbaum gegen den dunklen Nachthimmel ab. Der schlafende Jesusknabe erwachte und streckte ihm lächelnd die Arme entgegen.

Spielanregungen:

- *Wir zeichnen, wie die Engel der Weihnachtstanne die leuchtenden Sterne bringen.*
- *Wir besuchen zur Weihnachtszeit Kirchen und Museen mit Krippen.*
- *Wir suchen Palmen und Palmwedel auf Bildern und im botanischen Garten.*
- *Wir reiben uns Hände und Füße mit Olivenöl ein.*

Die Geschichte vom heiligen Baum

Indianische Legende

Wissenswertes für die Erzählerin und den Erzähler: Ich habe diesen Text in dem indianischen Weisheitsbuch »Der heilige Baum« gefunden. Dieses Buch ist den zahllosen Völkern und Nationen von Ureinwohnern überall auf der Welt gewidmet, deren heilige Visionen, Träume, Gebete, Lieder, Weisheitslehren und Erfahrungen den Wurzelgrund und die lebendige Realität des »Heiligen Baumes« bilden. Dieser Text ist aber auch für uns sehr wichtig. Wir müssen wieder lernen, dass Bäume, Wälder und Sträucher mehr sind als nur »grüne Lungen« für unsere Landschaft. Sie sind lebendige Wesen. Sie sind unsere Brüder.

Für alle Menschen dieser Erde hat der Schöpfer einen Heiligen Baum gepflanzt, unter dem sie sich begegnen können, wo sie neue Kraft, Heilung, Weisheit und Sicherheit finden. Die Wurzeln dieses Baumes sind tief im Leib der Mutter Erde verankert, und die Äste strecken sich wie betende Hände dem Vater Himmel entgegen. Die Früchte dieses Baumes sind die guten Dinge, die der Schöpfer den Menschen gegeben hat, Lehren, die den Weg zu Liebe und Mitgefühl, zu Großherzigkeit, Geduld, Weisheit, Gerechtigkeit, Mut, Respekt, Demut und Bescheidenheit zeigen, und viele andere wertvolle Geschenke dazu.

Unsere Vorfahren lehrten uns, dass das Leben des Baumes untrennbar mit dem Leben der Menschen verbunden ist. Wenn sie sich zu weit vom schützenden Schatten des Baumes entfernen, wenn sie vergessen, dass seine Früchte ihre Nahrung sind, oder wenn sie sich sogar gegen den Baum wenden und ihn zu fällen versuchen, werden großer Kummer, Leid und Schmerz über sie hereinbrechen. Viele werden im Gemüt erkranken und ihre Lebenskraft verlieren. Sie werden keine Träume mehr träumen, keine Visionen mehr haben und über Nichtigkeiten streiten. Sie werden vergessen, wie sie in ihrem eigenen Land überleben können. Ihre Seele wird überschattet sein von Ärger, Traurigkeit und Schwermut. Nach und nach werden sie sich selbst und auch alles, was sie berühren, vergiften.

Es wurde vorausgesagt, dass sich all dies zutragen werde; doch der Heilige Baum werde nie sterben, und solange er lebe, würden auch die Menschen leben. Es wurde prophezeit, dass der Tag kommen werde, an dem die Menschen wie aus einem langen Schlaf, wie aus einem Drogenrausch erwachen und zuerst ängstlich zögernd, dann aber immer eifriger nach dem Heiligen Baum suchen würden.

Unsere Ältesten und Weisen haben das Wissen von dem Ort, an dem der Heilige Baum zu finden ist, und von den Früchten, die seine Äste zieren, stets sorgsam gehütet und in ihren Herzen bewahrt. Jeden, der ernsthaft und aufrichtig den Weg zum schützenden Schatten des heiligen Baumes suchen will, werden diese bescheidenen, liebevollen und hilfsbereiten Seelen führen und begleiten.

Spielanregungen:

- *Wir setzen uns im Kreise um unseren Lieblingsbaum. Ihm zu Ehren erzählen wir Baummärchen, dichten eigene Verse und singen alte und neue Baumlieder.*

> *Juja! Grün ist der Kirschbaum.*
> *Juja! Grün ist der Baum.*
> *Juja! Bald blüht der Kirschbaum.*
> *Juja! Bald blüht der Baum!*
> *Juja! Wo steht der Kirschbaum?*
> *Juja! Draußen auf der Wies.*
> *Juja! Mir schmecken die Kirschen gut.*
> *Juja! Kirschen sind süß.*

Der Vers lässt sich abwandeln mit Birnbaum, Nussbaum, Apfelbaum usw.
- *Wir umarmen unseren Lieblingsbaum, schließen die Augen, streicheln seine Rinde, ziehen seinen Duft ein und hören den Wind in den Blättern.*
- *Wir stellen uns gerade hin, strecken die Arme aus und werden zum Baum. An unseren Füßen wachsen Wurzeln tief in die Erde, unser Körper wird zum Stamm, groß und stark. Aus unseren Armen wachsen Äste mit Blättern. Wir spüren die Wärme der Sonnenstrahlen und wie der Wind mit den Blättern spielt.*

Erwachsene erinnern sich

Wissenswertes für die Erzählerin und den Erzähler: Es ist wichtig, dass Kinder teilhaben an unseren Erinnerungen. Darum sollten wir ihnen aus unserer Kindheit erzählen. Hier ein paar Erlebnisse, die Erwachsene in jungen Jahren hatten.

Der Schlaraffenlandbaum

Ein 40-jähriger Mann erinnert sich: »Ich bin in einem Bauernhaus aufgewachsen. Wir hatten neben der Scheune einen hohen, alten Kirschbaum. Der hatte so tief hängende Äste, dass ich mich als Kind ins Gras darunter legte und die Kirschen liegend mit dem Mund abbeißen konnte. Das war für mich das Größte. Dann lag ich im warmen Gras, hörte die Grillen zirpen und sah durch die Äste des Kirschbaums den blauen Himmel und die vorüberziehenden Wolken. Ich kam mir vor wie Gott im Schlaraffenland. Dabei erfüllte mich ein unbeschreibliches Gefühl.

Das Ohr der Welt

Im Garten meiner Eltern stand ein großer Holunderbaum. Soweit ich mich zurückbesinnen kann, war da ein großes Loch im Stamm. »Dieses Loch«, sagte mein Vater, »dieses Loch ist das Ohr der Welt!«

Ich war als Kind sehr stolz darauf, dass sich ausgerechnet in unserem Garten das Ohr der Welt befand. Ich schlich mich oft zum Baum, umarmte ihn und legte meinen Kopf ans Ohr der Welt. Wenn ich ganz achtsam hinhörte, erzählte es mir Geschichten. Manchmal glaubte ich, auch leise Musik zu hören.

Der Apfelbaum war mein Leseversteck

Der Apfelbaum hinter unserem Haus war über Jahre mein Leseversteck. Ich kletterte mit einem Buch in die Baumkrone hinauf, setzte mich in eine Astgabel und las. Wenn der Baum voller Blätter war, war ich von unten nicht zu sehen. Wenn mich meine Mutter rief, stellte ich mich taub und las einfach weiter. Damit mein Hochsitz bequemer war, band ich ein Kissen um den Ast und ein zweites steckte ich zwischen den Baumstamm und meinen Rücken. Der Leseluxus war total. Ich liebte das Rauschen des Windes in den Blättern. Die Vögel hatten sich so an mich gewöhnt, dass sie ganz nahe herankamen.

Vom Kastanienbaby zum haushohen Baum

Unsere Tochter Anna pflanzte mit sieben Jahren eine Kastanie in ihr Gärtchen. Sie glaubte fest daran, dass daraus ein Kastanienbaum wachsen würde. Wir trauten der Sache nicht so ganz. Aber der Baum begann zu wachsen, wurde größer und größer, und heute nach 25 Jahren ist er höher als unser Haus. Das war nicht nur für unser Kind, sondern auch für uns Eltern ein ganz starkes Erlebnis. Wir sahen die Kastanie als Baby wachsen. Bald erreichte der Kinderbaum die Größe unserer Tochter. Heute ist er ein ausgewachsener Kastanienbaum. Wir verfolgten jedes Jahr mit großer Spannung und Anteilnahme das Blätterwachstum im Frühjahr, die Blütezeit und natürlich das Reifen der Kastanien. Die grünen, stacheligen Hüllen faszinierten genauso wie das Aufspringen und Herunterkullern der Kastanien. Wir machten uns eine Ehre daraus, dass jedes Familienmitglied die erste Kastanie, die es auf dem Boden entdeckte, mindestens eine Woche oder einen Monat in der Tasche mit sich herumtrug. Die Kastanie ist ein wunderbarer Gegenstand, mit dem man immer wieder spielen kann. Sie ist ein richtiger Handschmeichler. Anna wunderte sich jedes Jahr aufs Neue, wie viele Kastanien und Blätter so ein Baum im Herbst zu Boden fallen ließ.

Lindenblütentee wirkt gegen Erkältung

Eine Bekannte erzählte: »Für mich war die Linde der wichtigste Baum in der Kindheit. Wenn ich ihn vor meinem inneren Auge sehe, taucht jedes Mal gleichzeitig auch der süße Duft der Lindenblüten auf. Ich spüre die Wärme der Sonne und höre das Summen der Bienen. Ich sehe, wie meine Mutter und ich die Blüten vom Baum pflückten und in einen großen Weidenkorb legten. Später haben wir sie auf Zeitungspapier ausgebreitet und zum Trocknen ausgelegt. Mutter sagte dann jedes Mal: ›Im Winter werden wir froh sein, wenn wir unsere Erkältungen mit Lindenblütentee lindern können!‹ Irgendwie schienen wir alle sehr dankbar zu sein, dass uns die Natur Wohlbefinden und Heilung schenken kann.«

Der kleine grüne Drache

Ursula Fuchs

Wissenswertes für die Erzählerin und den Erzähler: Diese Fantasiegeschichte regt zum eigenen Fabulieren an. Der kleine grüne Drache hat einen Sprachfehler, das kann sich für Kinder mit Sprachfehlern tröstlich auswirken. Wer Lust hast, kann auch eigene Fantasiesprachen entwickeln.

Der kleine grüne Drache saß auf dem Ziegeldach von Großmutters Haus. Morris entdeckte ihn am Morgen. »He, wer bist du?«, rief er. »Is sein ein kleiner Drase«, rief der kleine grüne Drache. Er sagte Drase, weil er kein ch sprechen konnte. »Was machst du da oben?«, fragte Morris. »Is sitzt hier«, sagte der Drache. »Komm runter!«, sagte Morris. »Is hat Angst«, sagte der Drache. Er hielt sich mit seinen Pfoten am Schornstein fest. »Ich tue dir nichts«, sagte Morris.

Der Drache rutschte auf seinem grünen Bauch bis zur Dachrinne. Und er sprang in den Garten zu Morris auf die Wiese. »Wo kommst du her?«, fragte

Morris. »Is kommen vom grünen Berg der Drasen«, sagte der kleine grüne Drache. Aus seinen Augen fielen Tränen auf die Wiese. »Du weinst ja«, sagte Morris. »Mis haben sie weggeschickt von dem grünen Berg der Drasen.«

Der kleine Drache schluchzte. »Warum haben sie dich weggeschickt?«, fragte Morris. »Is kann nist Feuer spucken. Alle Drasen können Feuer spu-

cken. Nur is nist.« Jetzt heulte der kleine Drache noch mehr. Morris wischte ihm mit der Hand die Tränen weg. »Kann ich bei dir bleiben?«, fragte der kleine grüne Drache. »Nur, wenn du nützlich bist«, sagte Morris. Was ist das, nützlis?«, fragte der Drache. Ich weiß das auch nicht richtig«, sagte Morris. »Auf jeden Fall kann Großmutter nur nützliche Tiere leiden.«

Morris ist mit dem kleinen Drachen in den Stall gegangen. Der Stall stand neben dem Haus. Im Stall saß das Huhn Henriette auf dem Nest. »Henriette kann Eier legen«, sagte Morris. »Eier schmecken gut. Darum ist Henriette nützlich.« »Is kann aber keine Eier legen«, sagte der kleine Drache. »Kannst du Milch geben wie unsere Ziege Genoveva?«, fragte Morris. Der kleine Drache schüttelte den Kopf. Er konnte auch keine Milch geben. »Das ist gut«, sagte Morris. Er konnte Ziegenmilch nicht ausstehen. »Is kann Qualm masen«, sagte der Drache. Er riss sein Maul auf, ganz weit. Morris konnte die grünen Zähne sehen. Der Drache hustete, einmal, zweimal, dreimal. Da kam dicker grüner Qualm aus seinem Maul, ganz viel Qualm. Jetzt hustete Morris. »Hör auf!«, schrie er. Der Drache hörte auf. »Is Qualm nützlis?«, fragte er. »Ich weiß nicht«, sagte Morris. »Komm, wir fragen die Großmutter.«

Spielanregungen:

- *Jeder Zuhöher dichtet einen eigenen Schluss. Welchen Rat hat die Großmutter gegeben? Welche Varianten findet ihr?*
- *Wer bastelt einen kleinen grünen Drachen aus Abfallmaterial?*
- *Wir zeichnen und kleben gemeinsam ein Drachenbild.*

Ein grünes Ungeheuer

Hildegard Kronenberg

Wissenswertes für die Erzählerin und den Erzähler: Diese Geschichte zeigt, wie Unbekanntes Kinder ängstigen kann, auch wenn es nur ein kleines Heupferd ist.

Samstagabend. Vater hat den Rasen gemäht. Es duftet nach frischem Gras. Philipp schläft schon.

Plötzlich ein gellendes Geschrei aus dem Kinderzimmer: »Ein Tier, Papa, Mama, ein großes Tier, uhuhuh ...« Und da steht Philipp auch schon im Türrahmen und springt dem Papa auf den Arm.

»Na, aber Philipp, ein Tier, wo denn?«

»In meinem Bett, auf dem Kopfkissen, igitt, igitt ...« Philipp schüttelte sich. Alle stehen um ihn herum, Papa, Mama und die große Schwester Franziska.

»Also, Junge«, sagt der Vater, »du hast geträumt. Ein großes Tier auf dem Kopfkissen, das gibt es gar nicht.«

Aber Philipp kann es genau erklären: »Da, wo mein Kopfkissen immer liegt, da war es. Ich wollte gerade einschlafen, plötzlich hat es mich am Ohr gekratzt, so gekrabbelt und gewackelt. Und dann hab' ich es gesehen.«

»Wie sah es denn aus?« Mama will nun wissen, was Philipp denn da für einen Traum gehabt hat.

»Na grün, so grünlich-eklig und soo lang – vielleicht wie meine Hand.«

»Am Ende ein Frosch«, sagt Franziska ganz ernst. Da wird Philipp böse. »Du Blöde, Frösche sind nass, und Frösche kenn' ich. Die mag ich sogar. So ein Tier hab' ich noch nie gesehen.« Vater denkt nach, und dann setzt er seinen Sohn auf die Erde und sagt: »Pass auf, Philipp, wir suchen jetzt mal alle zusammen dein ganzes Zimmer ab. Dann müssen wir es ja finden. Die Mama macht das Fenster und die Tür zu, damit es nicht entwischt.«

So mit allen zusammen hat Philipp keine Angst.

»Da saß es«, zeigt er, »und als ich geschrien habe und zur Tür gelaufen bin, da war es einfach weg.«

»Der hat doch geträumt«, murmelt die Mutter.

Und dann suchen sie gründlich das Zimmer ab, kriechen unters Bett, nehmen das Bettzeug hoch, drehen den Baukasten um und schütten die Legosteine aus. Nichts. Kein grünes Tier. »Also, du siehst, es ist nichts zu finden, nun leg' dich wieder hin!«

Aber Philipp wehrt sich und weint: »Nein, hier schlafe ich nicht!«

»Der spinnt«, entscheidet Franziska.

»Na gut, ich klettere jetzt noch aufs Fensterbrett und gucke hinter die Gardine.« Vater steigt mühsam über den Hocker auf und lüftet den schweren Vorhang. Nichts.

Eben krabbelt er wieder runter, da packt Philipp Mamas Hand und zeigt auf den Vater. »Da sitzt es«, flüstert er und zieht sich ein bisschen hinter die Mutter zurück. Aber er kommt wieder vor, schaut genau zum Vater hin und lacht und lacht und lacht!

Nun sehen es die anderen auch: Auf Vaters dünnem Haar, fast auf der kleinen Glatze, sitzt eine wunderschöne, große, grüne Heuschrecke!

»Das war das Tier, genau das«, sagt Philipp. »Aber so groß ist es eigentlich gar nicht!«

Der Vater neigt den Kopf, und alle betrachten das »große, grüne Tier«. Interessant sieht es aus!

»Na ja«, sagt Franziska, »im Bett wollte ich es auch nicht haben.«

Und dann schreitet Vater vorsichtig mit erhobenem Haupt und steifem Genick in den Garten und gibt dem grünen Ungeheuer die Freiheit.

Spielanregungen:

- *Wer Lust hat, kann die Geschichte als Rollenspiel nachspielen.*
- *Wer möchte ein Heupferd zeichnen?*
- *Die Farbenfee verzaubert die Kinder in grüne Tiere: Frosch, Krokodil, Schlange, Käfer, Raupe …*
- *Die Kinder stellen die Tiere pantomimisch dar. Die Mitspieler erraten, welche Tiere dargestellt werden.*
- *Wer findet weitere Namen für das Heupferd? (Grashüpfer, Heuschrecke …)*

VIOLETT IST WIE VEILCHEN UND LAVENDEL

Sprichwörter und Redewendungen zum Thema

Wissenswertes für die Erzählerin und den Erzähler: Su und Zwick führen Sie und die Kinder mit dieser Geschichte in das Reich der Farbe Violett. Sie können gemeinsam das Wesen dieser Farbe erleben, fühlen und in Aktivitäten umsetzen. Von den Sprichwörtern und Redewendungen werden jeweils nur so viele weitergegeben, wie die kleinen Zuhörer verkraften können.

Heute fliegen Su und der Giftzwerg zur Fliederburg auf dem Lilaberg. Das Bärenfell landet mit beiden im Burghof beim Sodbrunnen. Zwick staunt: »So hohe Mauern und Türme habe ich noch nie gesehen! Aber warum sind sie kaputt?« Su erklärt dem Kleinen: »Das ist bei einer Ruine so. Da haben vor vielen, vielen Jahren Ritter gelebt. Aber sie sind schon lange gestorben, und die Mauern sind am Zerfallen.« Ein betörend süßer Duft lässt Su und

Zwick zum alten, knorrigen Fliederbusch schauen. Er steht an der Burgmauer und ist voller Lilablüten. Eine zarte Stimme spricht aus ihm: »Kommt her zu mir, ich bin die lila Elfe und erzähle euch die Geschichte der Fliederburg: Dieser Fliederbusch stand vor langer, langer Zeit im Schlosshof des Königs von Spanien. Er liebte seinen König innig, denn dieser las ihm jeden Abend Gedichte vor und sang für ihn. Eines Abends kam ein junger Ritter aus dem Norden zu Besuch. Der Ritter besang den süß duftenden Flieder mit wundersamen Liedern. Die gefielen dem König so gut, dass er ihm zum Abschied den Fliederbusch schenkte. So kam der Fliederbusch mit dem Ritter auf den Lilaberg. Er pflanzte ihn hier an die Burgmauer. Der Busch hat der Fliederburg den Namen gegeben. Wenn man sich im Frühjahr unter den blühenden Flieder stellt, kann man sich das Schloss in Spanien, den König und den singenden Ritter gut vorstellen.« Zwick will dem Fliederbusch auch ein Lied singen. Er summt:

> »Lila, lila, violett sind alle meine Kleider,
> lila, lila, violett ist alles, was ich hab.
> Darum lieb ich alles, was so violett ist,
> weil mein Freund voller Fliederblüten ist.«

Su lässt sich von der lila Elfe mehr von der Farbe Violett erzählen. Die lila Elfe berichtet, was Violett alles kann und was Violett alles bewirkt:

* Violett ist die Farbe des Veilchens.
* Violett hat etwas Geheimnisvolles an sich.
* Violett vereinigt die Gegensätze von Rot und Blau.
* Violett ist die Farbe des Unbewussten.
* Violett wirkt reinigend und heilend.
* Violett ist die Farbe der Wandlung.
* Violett ist ernst und führt uns in innere Tiefen.
* Violett ist die Farbe des Glaubens.

* Violett ist in kirchlichen und liturgischen Zusammenhängen die Farbe der Buße.
* Violett strahlt Würde aus.
* Violett erinnert an Lavendelsäckchen im Kleiderschrank.
* Violett ist manchmal süß und altmodisch.
* Zartes Lila hat eine große Leichtigkeit.
* Lila ist die Komplementärfarbe von Gelb.

Die lila Elfe fordert Su und den Giftzwerg auf, ein paar tiefe Atemzüge von dem süßen, schweren Fliederduft zu nehmen. Die beiden schließen die Augen und lassen sich durch den Duft in die alte Zeit nach Spanien versetzen, in den Hofgarten des Königs, wo der Ritter seine betörenden Lieder singt. Wie sie die Augen öffnen, ist die lila Elfe im Fliederbusch verschwunden. Sie winken zum Abschied dem Fliederbusch zu. Dann fliegen sie mit dem Bärenfell von der Fliederburg über den Lilaberg wieder zurück nach Hause.

Kinder entdecken die Farbe Violett

Violett ist die Zauberfee

Der Schweizer Kunstmaler Johannes Itten definiert Violett so: »Als Gegenpol zu Gelb, dem Wissen, ist Violett die Farbe des Unbewussten, des Geheimnisses, das bald drohend, bald beglückend wirken kann.« Violett ist die Verschmelzung und Vereinigung der Gegensätze rot und blau, heiß und kalt. Um mit Malfarben Violett zu mischen, braucht man ein ganz bestimmtes Rot. Dieses Rot heißt »Magenta«. Violett ist die Farbe der Spiritualität, der Inspiration und der Mystik. Violett hilft, die eigene Innenwelt zu entdecken und sich hineinzuversenken. Violett vermittelt Schutz, Wärme und Geborgenheit. Violett reinigt und heilt.
Wir besprechen mit den Kindern Redewendungen zum Thema Violett.

- Wer spielt die violette Zauberfee? Trägt sie einen violetten Samtmantel mit Goldsternen oder ein lila Schleierkleid, das aussieht wie eine Duftwolke?
- Wer malt ein Bild von der violetten Zauberfee? Was hat sie alles verzaubert?
- Wir sammeln violette Schätze zum Fühlen, Bestaunen und Spielen.
- Wir füllen mit getrocknetem Lavendel Duftsäckchen ab.
- Am violetten Tag schmücken wir uns mit Schmuck aus violetter oder lila Farbe.
- Wir hören und erfinden Geschichten, in denen die Farbe violett wichtig ist.
- Wer entdeckt sinnliche Gaumenfreuden beim Essen von violetten Früchten?
- Wir trinken zusammen Holundersaft und kochen Brombeermarmelade.

- Beim Malen spielen und experimentieren wir mit Blau und Rot. Wir versuchen, Violett zu mischen. Dazu brauchen wir Blau und »Magentarot«.
- Wie wirkt Violett auf unsere Sinne, unser Gemüt, unsere Fantasie?
- Wir sammeln lila und violette Blumen.
- Beim Museumsrundgang suchen wir ein Bild, auf dem viel Lila oder Violett zu sehen ist.

Violett, Lila ist wie ...

Lila duftet nach Flieder. Lila ist wie Großmutters Seidenbluse. Lila ist wie die Zauberfee. Dunkelviolett ist wie eine Aubergine. Violett riecht nach Lavendelsäckchen. Violett ist wie samtige Veilchen.

Violett ist wie Pflaumen. Violett ist wie Holundersirup. Violett schmeckt wie Heidelbeeren. Violett ist wie beten. Violett duftet süß und schwer. Violett ist wie ein Geheimnis. Lila ist leicht wie eine Feder.

Wer malt ein Bild von Tante Lila?

Tante Lila wohnt in einem lila Haus. Sie fährt ein lila Fahrrad und hat einen lila Ka-

ter. Sie trinkt violetten Tee und badet in Lavendelwasser. Sie liest in lila Büchern und kocht dunkelvioletten Holundersirup ein. Sie hat einen lila Rasen. In ihrem Garten wachsen violette Blumen. Sie strickt die längsten Schals mit lila Wolle. Sie bäckt die besten Fliederplätzchen und dreht die süßesten Veilchenbonbons. Wer möchte Tante Lila besuchen? Bei ihr lassen sich die besten »Lila Pausen« machen. Hier kann man auch die schönsten violetten und lila Bilder malen. Wer hat Lust mitzumachen?

Ich sehe was, was du nicht siehst, und das ist violett

Der Spielleiter sucht sich mit den Augen einen violetten Gegenstand aus. Das kann ein Kleidungsstück sein, ein Gegenstand im Zimmer, ein Spielzeug, Sachen aus der Umgebung oder der Natur. Wer den violetten Gegenstand als Erster errät, ist in der nächsten Runde Spielleiter.

Ich packe in meinen Rucksack

Die Kinder sitzen in einer Reihe. Der Spielleiter wirft ihnen einen Ball zu und sagt: »Ich packe in meinen Rucksack ...« Der Ballfänger ruft etwa: »Einen Amethyst, eine Zwetschge, einen Rotkohl, violette Handschuhe, einen lila Schal, einen lila Kamm, lila Socken und so weiter.« Es dürfen nur violette Gegenstände in den Rucksack eingepackt werden. Jeder Spieler wiederholt die ganze Wörterkette. Wer ein Wort vergisst, dem wird geholfen.

Verkehrte Welt

Ist der Flieder orange?
Nein, der Flieder ist violett.
Ist die Aubergine himmelblau?
Nein, die Aubergine ist dunkelviolett.
Ist die Zwetschge pink?
Nein, die Zwetschge ist violett.
Ist die Scabiosa gelb?
Nein, die Scabiosa ist lila.
Ist die Kuh der Lila-Pause rot?
Nein, die Kuh der Lila-Pause ist lila.

Wer kennt violette Blumen?

Die Kinder sitzen in einer Reihe oder im Kreis. Der Spielleiter wirft einem nach dem andern den Ball zu. Beim Fangen wird der Name einer violetten oder lila Blume gerufen wie: »Lavendel, lila Stiefmütterchen, Schwertlilie, Eisenkraut, blühender Schnittlauch, Aster, Rhododendron, Verbene, Clematis, Levkoje, Schwertlilie, Herbstzeitlose, Ageratum, lila Krokus, Wiesenschaumkraut.« Wer kennt noch andere violette oder lila Blumen aus der Wiese und dem Garten?

Das violette Wunder

Wir kleben uns einen eigenen Blumenkatalog oder ein Bild mit violetten oder lila Blumen, vielleicht in Herzform, als Kranz oder Stern. Hübsch wirken etwa: Rhododendron, Jakobsleitern, Gartenstiefmütterchen, Akelei, Schwertlilien, Clematis,

Flieder. Die »violetten und lila Wunder« finden wir in Zeitschriften, Gartenzeitschriften und Gartenkatalogen. Nach dem Sammeln werden sie ausgeschnitten und aufgeklebt. Unsere »violetten Wunderbilder« eignen sich auch gut als Geschenke.

Wir suchen violette Steine

Wir finden sie in Steinläden, auf Märkten und bei Mineralienbörsen. Für Kinder eignen sich besonders gut: der Amethyst, der hell- bis dunkelviolette Fluorit und der tiefviolette Sugilit. Der Amethyst hilft den Kindern beim Einschlafen. Er bringt schöne Träume.

Violette Früchte und Gemüse

Dieses Jahr achten wir besonders im Sommer und Frühherbst auf violette Früchte und Gemüse. Wir entdecken etwa Heidelbeeren, Brombeeren, Zwetschgen, Pflaumen, reife Feigen, Holunderbeeren und Trauben. Bei den Gemüsen finden wir Blaukraut, Kohlrabi, violette Paprika, Rote Beete, Lolorosso, Aubergine und diverse Salate, bei den Gewürzen Heidekraut und Beinwell. Wir schauen sie genau an, betasten sie, riechen daran und fühlen beim Essen, wie sie schmecken.

Fantasiereise: Violette Insel

Wir legen uns auf eine Decke, werden alle leise und atmen ruhig ein und aus. Wir sind entspannt und haben die Augen geschlossen. Wir hören der Fantasiereise ruhig zu:

»Die Sonne scheint uns auf den Körper. Ein blauer Himmel wölbt sich über uns. Wohlige Wärme durchfließt uns von den Füßen bis zum Kopf. In unserer Fantasie besteigen wir nun ein lila Boot und fahren sanft über den Fluss zur violetten Insel. Wir binden das Boot an einem Fliederbusch fest und gehen barfuß über eine wohl duftende Veilchenwiese bis zum Amethystberg. Wir entdecken eine Höhle und schlüpfen hinein. Es funkelt und glitzert von den Kristallwänden. Überall arbeiten Zwerge. Sie putzen und polieren die Amethystkristalle. Sie bitten uns an einen Kristalltisch und servieren uns ein Schälchen Heidelbeeren. Wir bedanken uns bei den Zwergen und machen uns auf den Heimweg. Wir gehen über die Veilchenwiese zurück zum Boot, binden es vom Flieder los und überqueren den Fluss. Wir räkeln und strecken uns und öffnen die Augen. Wer will, kann erzählen, was er beim Besuch auf der violetten Insel erlebt und gesehen hat.

Rot und Blau

Ein Rot saß wohlig, dick und feist
auf 'nem Papier und grinste dreist.
Es fand sich schön und leuchtend warm,
und sonnte sich im eignen Charme.

Ihm wurde wärmer und ganz heiß.
Drum, triefend in dem eignen Schweiß,
dacht es, wenn ich nur kälter wär,
dann wär es hier erträglicher.

Es kam ein Blau ganz frisch gesprungen,
begrüßt das Rot recht ungezwungen
und meint, es habe kalte Hände,
die ihm das Rot wohl wärmen könnte.

Ja, wie gesagt, so auch getan.
Dem Blau, dem wurde wohlig warm
Dem Rot, dem wurde etwas kühler –
doch Schreck – die Hände waren lila.

Die beiden waren ganz verwirrt,
sie sahen, dass sie nicht geirrt.
Das Ganze war nicht zu versteh'n.
Vier lila Hände warn' zu seh'n.

Das Rot, das wurde richtig traurig.
Es fand sich selber nun ganz schaurig.
Das Blau umarmte drum den Freund
und glaubte drauf, es hätt' geträumt.

Doch die Geschicht war wirklich wahr,
Das ganze Rot nun Lila war.
Das Rot, das schaute auch erstaunt
und hat ganz leise dann geraunt:

»Mein liebes Blau, du bist´s nicht mehr.
Wo hast du nur das Lila her?«
Ganz plötzlich lachten alle beide.
Sie waren gleich von jeder Seite.

Sie sprangen hoch voll Unterlass
und hatten dabei sehr viel Spaß.
Die beiden nicht mehr schwitzten, froren.
Drum haben sie sich auch geschworen.
das große Geheimnis nicht zu verraten.
Ich weiß, dass sie sich recht schwer dabei
taten.

Das Stiefmütterchen

Nach einem Schweizer Märchen

Wissenswertes für die Erzählerin und den Erzähler: Dieses kurze Schweizer Märchen zeigt, wie sich um Blumennamen und -formen Legenden und Märchen bilden. Und wenn man diese Geschichten kennt, schaut man die Blumen mit anderen Augen an.

Eines Tages hatte Su Lust, mit ihrem Bärenfell die violette Elfe zu besuchen. Sie setzte sich auf das Fell und murmelte: »Liebes Bärenfell, fliege, fliege!« Das Bärenfell hob vom Boden ab, flog übers Land und suchte sich einen Landeplatz am Waldrand, der voller Veilchen war. Su setzte sich zu den violetten Veilchen und genoss ihren süßen Duft. Sie pflückte ein kleines Sträußchen von diesen dunkeln, samtig violettblauen Blümchen. Als Su so vor sich hin träumte, flatterte eine zarte violette Elfe auf ihren Veilchenstrauß. Sie begrüßte Su mit »Hallo!« und fragte: »Kennst du die andere Sorte Veilchen, welche die Menschen Stiefmütterchen nennen?« Su bejahte das, denn Stiefmütterchen wuchsen in ihrem Garten. Die violette Elfe begann, die »Stiefmütterchen-Geschichte« aus alter Zeit zu erzählen:
»Es war einmal vor vielen, vielen Jahren eine Frau, die hatte zwei eigene Töchter und zwei Stieftöchter. Und da wollten sie sich einmal hinsetzen, und es waren fünf Stühle da, für jede einen. Aber die Frau setzte sich auf zwei, und ihre eigenen Töchter setzten sich jede auf einen, und so blieb für die beiden Stieftöchter nur einer übrig. Daraufhin wurden sie, weil die Frau und ihre Töchter so böse waren, alle miteinander in eine Blume verwandelt. Das ist nun das Veilchen. Anderswo nennen sie es Stiefmütterchen, und wenn man das Blümchen umkehrt, sieht man, dass das größte Blütenblatt auf zwei Stühlen sitzt, und die zwei seitlichen haben jedes einen Stuhl, die beiden untersten aber sitzen auf ein und demselben.«
Su bedankte sich für die »Stiefmütterchen-Geschichte« und flog mit dem Bärenfell so schnell wie möglich nach Hause. Sie rannte in den Garten und kniete sich zu den Stiefmütterchen auf den Boden. Und siehe da, es stimmte, was die violette Elfe erzählt hatte! Als Su die Anordnung der Blät-

ter genau betrachtete, sah sie, auf welche zwei Stühle sich die Stiefmutter gesetzt hatte. Die Lieblingstöchter benutzten rechts und links je einen Stuhl. Also blieb für die zwei Stieftöchter nur noch das letzte Blatt frei als Stuhl.

Spielanregungen:

- *Wir gehen in den Garten und sehen uns die Stiefmütterchen genau an und kontrollieren, ob das mit den Stühlen stimmt. Wo sitzt die Stiefmutter auf zwei Stühlen? Und auf welchem Blatt sitzen die beiden Stieftöchter?*
- *Das Stiefmütterchen heißt auf Lateinisch Viola. Es ist die große Verwandte des kleinen Wilden Veilchens, das man im Frühjahr an Wegrändern und in Wiesen findet. Viola und Veilchen weisen auf die violette Farbe hin. Die Farbe Violett ist dunkelblau mit einem Stich ins Rote.*
- *Die beiden Gartenblumen Stiefmütterchen und Hornveilchen sind pflegeleicht. Sie eignen sich für die Bepflanzung von Rabatten, Steingärten und Balkontöpfen in sonniger bis halbschattiger Lage. Kinder können sie problemlos pflanzen und pflegen. Wenn man sie regelmäßig gießt, blühen sie von März bis Juni und von September bis November.*

Literaturhinweise

Heller, Eva: *Wie Farben wirken.* Rowohlt Verlag, Reinbek bei Hamburg 1989

Itten, Johannes: *Die Kunst der Farbe. Subjektives Erleben und objektives Erkennen als Wege zur Kunst.* Seemann, Leipzig 1999

Küng, Barbara/Straumann, Regula: *Thema Farbe.* Kunstmuseum Olten 1999

Pawlik, Johannes: *Goethes Farbenlehre.* DuMont, Köln, 6., ergänzte Auflage 1988

Riedel, Ingrid: *Farben. In Religion, Gesellschaft, Kunst und Psychotherapie.* Kreuz Verlag, Stuttgart, 15. Auflage 1998

Seitz, Marielle/Seitz, Rudolf: *Rot, Gelb, Blau und alle Farben. Grundlagen und Spielideen für die pädagogische Praxis.* Don Bosco, München 1998

Quellenverzeichnis

26 *Die Sonne und die Wolke*. Aus: Gianni Rodari »Gutenachtgeschichten am Telefon« © 1964 K. Thienemanns Verlag – 29 *Kann man das Sonnenlicht fangen?* Nach einer Idee aus »Bausteine Kindergarten«, Ausgabe 2/99 »Blaues zwischen Himmel und Erde« © Bergmoser+Höller Verlag – 49 *Das Regenbogenzelt*. Aus: »Thema Farbe« © Kunstmuseum Olten – 55 *Die Regenbogenschlange*. Aus: »Indianermärchen« (Reihe: »Märchen der Welt«) © Verlag Werner Dausien – 69 *Was Urgroßmutter erzählt*. Aus: »Hänschen Apfelkern« © Verlag Freies Geistesleben – 89 *Die blaue Verkehrsampel*. Aus: Gianni Rodari »Gutenachtgeschichten am Telefon« © 1964 K. Thienemanns Verlag – 99 *Als das Küken einmal allein war*. Nacherzählt nach einem russischen Puppenspiel – 106 *Das Kornkind*. Aus: Peter Sutermeister: »Kinder- und Hausmärchen aus der Schweiz« © Friedrich Reinhardt Verlag – 108 *Von den drei goldenen Äpfeln*. Schweizer Märchen – 112 *Der törichte Wunsch*. Aus: »Märchen von Gold & Geld«, hrsg. von Hannelore Marzi und Günther Westenberger © 1998 Fischer Taschenbuch Verlag – 120 *Der goldorange Wunderwollknäuel*. Aus: Erich Schneider »Sagen aus Heide und Spreewald« © Domowina-Verlag – 121 *Die Geschichte vom bunten Licht*. Aus: Petra Beutl »Fühl das Rot und sieh das Blau« © 1998 Christophorus-Verlag – 131 *Als das Gelb das Blau fand* von Leo Lionni. Aus: »Farbgeschichten« © 1984 Verlag Freies Geistesleben – 132 *Hänschen Apfelkern*. Aus: »Hänschen Apfelkern« © Verlag Freies Geistesleben – 136 *Palme, Olive und Tanne*. Aus: »Der Stern im Brunnen« – 137 *Die Geschichte vom heiligen Baum* von Judie Bopp © 1990 Patmos Verlag/Walter Verlag – 142 *Der kleine grüne Drache* von Ursula Fuchs © 1985 Anrich Verlag – 145 *Ein grünes Ungeheuer* © Hildegard Kronenberg – 155 *Rot und Blau*. Aus: Petra Lange-Weber »Mein Malkasten« © 1994 Verlag an der Ruhr.